Het gaat nooit alleen maar slechter

Over de mentale en fysieke uitdaging van Europa's zwaarste fietswedstrijd

BAS BELDER

Copyright © 2024 Bas Belder

Omslagfoto door Ryan Downes, instagram: @ryandownesphoto

Alle rechten voorbehouden.

Dit boek is ook uitgegeven in paperback.

ISBN: 9798329296228

INHOUDSOPGAVE

	Dankwoord	i
	Over de Transcontinental Race	iii
	Stilte voor de start	1
Dag 1	Op zoek naar ritme	5
Dag 2	Spel van strategieën	11
Dag 3	Alle seizoenen	15
Dag 4	Diepere betekenis	23
Dag 5	Innerlijke dialoog	27
Dag 6	Waarde van contrasten	41
Dag 7	Realiteit van angst	47
Dag 8	Geluk tussen afvalbergen	59
Dag 9	Stem van zelfmedelijden	69
Dag 10	Vleugels van vreugde	81
Dag 11	Het hier en nu	89
Dag 12	Rust en onrust	99
Dag 13	Omhelzing van succes	109
	Epiloog	121
	Route en statistieken	125
	Over de auteur	127

DANKWOORD

Voordat dit boek begint, wil ik mijn diepste dank uitspreken aan iedereen die mij voor, tijdens en na mijn race en het schrijfproces steunden.

Allereerst, dank lieve Jos, dat je mij naar België bracht zodat ik mijn reis uitgerust kon beginnen. Dankjewel Martijn, Matthijs en Rick voor de goede vrienden die jullie zijn, en dat jullie samen met mijn lieve zus Salome naar Geraardsbergen kwamen.

Lieve Rens, dankjewel, en Jos, dat jullie aanwezig waren op mijn grootste moment. Jullie zijn de beste broers die ik mij kan wensen. Bedankt lieve mam en Salome, dat jullie in alle haast nog naar Griekenland kwamen om er te zijn. Dat vind ik zo bijzonder. Bedankt pap, voor je intense meeleven op afstand, het ophalen vanaf Schiphol en de inspiratie die jij voor mij bent. Lieve Nicky, dankjewel dat je Jos naar Griekenland liet gaan en vanuit Nederland samen met mijn neefje Samuël aanmoedigde. Dank lieve Wilbert en Suzanne samen met jullie zoon, mijn kleine grote neefje Seth, en toen nog in blijde verwachting van Ziva, nu mijn nichtje, voor de hartverwarmende aanmoedigingen.

Ryan, a special thank you for capturing the race with your stunning photos, especially the beautiful cover photo. Dank aan BEAT Cycling voor de mogelijkheid om mijn passie voor ultrafietsen te delen met een grote, betrokken community. Dank aan iedereen die via Strava of Instagram berichten stuurden tijdens mijn race. Hier heb ik bijzonder veel steun aan gehad. Dank aan iedereen die ik misschien vergeten ben te noemen.

Last but not least, dankjewel allerliefste Thekla. Voor het luisteren naar mijn verhalen. Voor je enthousiasme over dit boekproject, waardoor ik niet opgaf. Voor alles van het afgelopen jaar.

Dit boek is niet alleen mijn verhaal, maar ook dat van jullie!

BAS BELDER

HET GAAT NOOIT ALLEEN MAAR SLECHTER

OVER DE TRANSCONTINENTAL RACE

De Transcontinental Race (TCR) is een jaarlijkse, zelfvoorzienende ultrafietstocht dwars door Europa en wordt beschouwd als een van de zwaarste fietswedstrijden ter wereld. De route en afstand variëren per editie, doorgaans tussen de 3.000 en 4.000 kilometer, waarbij de winnaars meestal 7 tot 10 dagen nodig hebben om de finish te bereiken. Sinds de eerste editie in 2013, waar slechts 30 deelnemers aan de start verschenen, is de interesse in de race explosief gegroeid. Ieder jaar zijn er meer dan 1.000 aanmeldingen, waarvan 350 deelnemers succesvol worden geselecteerd. De editie van 2023 is de negende editie.

De TCR is geen etappekoers; de klok stopt niet vanaf het moment dat de renners vertrekken tot ze de finish bereiken. Dit maakt het tot een lange individuele tijdrit waarin strategische keuzes over hoeveel tijd wordt besteed aan fietsen, rusten en eten cruciaal zijn. Zelfvoorzienend betekent dat de renners geen hulp mogen ontvangen van andere deelnemers, vrienden of familie. Alle benodigdheden zoals voedsel, onderdak en reparaties moeten onderweg bij commerciële diensten worden verkregen. Het is een race die draait om zelfredzaamheid, logistiek, navigatie en oordeelsvermogen, wat niet alleen het lichaam, maar ook de geest van de renners zwaar op de proef stelt.

De route wordt bepaald door vier verplichte controlepunten die ervoor zorgen dat er voldoende klimwerk wordt verricht en dat enkele van de mooiste en historisch meest betekenisvolle monumenten van het fietsen worden aangedaan. In de negende editie van de race vertrokken de renners vanuit het wielerhart van Vlaanderen en trokken ze naar het oosten door de Alpen en de Balkan, met als eindpunt Thessaloniki in Griekenland.

BAS BELDER

STILTE VOOR DE START

Geraardsbergen, 23 juli 2023

Het is een bijzondere middag in het pittoreske Geraardsbergen, een kleine stad in het hart van Belgisch Oost-Vlaanderen. Zachte regendruppels vallen, terwijl de natte kasseien onder het grijze wolkendek glanzen. Vandaag markeert de start van de Transcontinental Race, een epische fietswedstrijd die me door de uitgestrekte landschappen van Europa zal voeren. Het is een uitdaging die ik al lange tijd voor ogen heb en waar ik hard voor heb getraind. Mijn fiets is geïnspecteerd en goedgekeurd door de raceorganisatie. Ik sta te popelen om te beginnen.

In de uren voordat de race begint, zoek ik mijn toevlucht onder een boom en snuif de geur van natte aarde op. Het is een moment om me te concentreren op de uitdaging die voor me ligt. Ik denk aan de vele uren die ik heb doorgebracht op de fiets, de lange trainingen in weer en wind, de pijn en de vermoeidheid die ik heb doorstaan. Maar ik denk ook aan de voldoening die het me heeft gegeven, de kracht die ik heb opgebouwd en de mentale weerbaarheid die ik heb ontwikkeld. Ik ben er klaar voor om deze race aan te gaan en alles te geven wat ik in me heb.

Terwijl ik hier lig in mijn bivakzak om zo veel mogelijk te rusten, wachtend op de start van de race, denk ik aan mijn mederacers. Ik weet dat ik niet de enige ben die deze uitdaging aan zal gaan. Er zijn anderen die net als ik de elementen zullen trotseren en hun grenzen zullen verleggen. Sommigen zijn ervaren racers, anderen zijn net als ik redelijk nieuw in de wereld van langeafstandsraces. Maar we hebben één ding gemeen: we zijn vastberaden om deze race te volbrengen en te laten zien wat we waard zijn.

Ik voel de spanning stijgen terwijl de tijd wegtikt. Ik concentreer me op mijn ademhaling en probeer te ontspannen. Ik denk aan de lange tochten die voor me liggen, de bergen die ik zal beklimmen, de afdalingen die ik zal maken. Ik denk aan de uitdagingen die ik zal tegenkomen en de obstakels die ik zal moeten overwinnen. Maar ik denk ook aan de voldoening die het me zal geven als ik de finish bereik.

Waarom doe ik dit eigenlijk? Wat drijft me om mijn grenzen steeds opnieuw te verleggen? Is het de pure passie voor het fietsen, het verlangen naar avontuur, of iets diepers? En ben ik, op mijn leeftijd, werkelijk klaar voor een uitdaging van deze omvang? Terwijl ik mijn ademhaling probeer te kalmeren, vraag ik me af of mijn voorbereidingen voldoende zijn geweest. Heb ik echt alles gedaan wat nodig is om dit epische avontuur te gaan doorstaan?

Een stem doorbreekt mijn overpeinzingen, vriendelijk en resoluut, uitgesproken door een breedgeschouderde man die zich voor me opricht. 'Hoe gaat het met u? Wilt u misschien een kopje koffie?' vraagt hij, een glimlach in zijn ogen. Ik schud mijn hoofd, dankbaar voor het aanbod maar resoluut om mijn rust niet te verstoren.

'Nee, dank u wel, ik probeer nu wat te slapen om vanavond wakker te zijn' zeg ik beleefd, mijn stem bijna fluisterend. Zijn nieuwsgierigheid is duidelijk gewekt. 'Wat staat er vanavond op de planning?' vraagt hij, met oprechte interesse. En terwijl ik mijn verhaal deel - over de fietswedstrijd die vanuit dit stadje naar het verre Griekenland zal leiden, over de uitdaging om duizenden kilometers te overbruggen, dag en nacht - merk ik de opgetrokken wenkbrauwen en de sprakeloze verbazing op zijn gezicht op.

'Meer dan 1.000 kilometer fietsen?' herhaalt hij, zijn stem een mengeling van ongeloof en bewondering. Ik glimlach en corrigeer hem zacht: 'Bijna 4.000 kilometer, eigenlijk.' En terwijl hij zijn hoofd schudt en zijn twijfels uit, voeg ik eraan toe: 'Ik doe het voor de uitdaging, voor de passie voor het fietsen.'

Zijn gezichtsuitdrukking verandert en zijn ogen volgen een onzichtbaar pad terug in de tijd. 'Ik ben twintig jaar geleden te voet uit Servië naar hier gekomen,' begint hij langzaam, zijn stem doordrenkt van herinneringen. 'Dat was een lange, bijna eindeloze reis. Maar dit kan ik me niet voorstellen. Doet u dit echt voor uw plezier?'

De ontmoeting, kort maar diepgaand, laat me nadenken. Elk individu draagt een verhaal met zich mee, soms zichtbaar, soms begraven diep van binnen. En terwijl de dagen naderen waarin mijn eigen verhaal zal worden gedomineerd door eten, slapen en fietsen, besef ik dat mijn reis niet alleen fysiek en tastbaar is. Het is een reis door de verhalen van anderen en van mijzelf, door vragen en verbazing, en uiteindelijk door de grenzen van wat ik dacht te kunnen bereiken.

In de komende weken zal mijn verhaal zijn dat ik - voor mijn plezier - op weg ben naar Griekenland, met mijn fiets als mijn enige metgezel.

Voor de start in Geraardsbergen

HET GAAT NOOIT ALLEEN MAAR SLECHTER

DAG 1 - OP ZOEK NAAR RITME

De avond valt langzaam over de Markt van Geraardsbergen, terwijl de laatste druppels regen neerdalen en de lucht helder begint te worden. De geur van natte stenen mengt zich met de opkomende kou van de nacht. Het majestueuze balkon van het stadhuis wordt betreden door een figuur die zich aandient als de stadsomroeper van Geraardsbergen. In Vlaanderen staat hij ook wel bekend als een 'Belleman'. Met zijn diepe stem doordrenkt van eeuwenoude traditie, kondigt hij aan: 'Beste renners, nog twintig minuten tot de start!' Zijn woorden galmen als klokken door de ruimte, een belofte van het spektakel dat zich zal ontvouwen. Op de Markt staan fietsers in hun regenkleding en reflecterende veiligheidshesjes vol ongeduld te wachten op het startsein.

Ik ben een van die 342 wachtende fietsers. En hoewel ik bijna niemand ken, sta ik hier ook niet alleen. Mijn vrienden Matthijs, Rick, Martijn en mijn zus Salome zijn speciaal naar hier gekomen om mijn vertrek te aanschouwen. Ook zij zijn niet alleen. Geraardsbergen is uitgelopen om alle fietsers uit te zwaaien. Het publiek dat samenkomt houdt brandende fakkels vast en creëert zo een magische sfeer. Het vormt de perfecte setting voor de start van een onvergetelijke wedstrijd.

Na een ceremonieuze rondgang door de kronkelende straten, geleid door een langzaam rijdende auto, verschijnen de glinsterende kasseien van de Muur van Geraardsbergen voor ons. De stenen zijn nog vochtig van de regen en glimmen als een uitdagend pad dat we moeten bedwingen. Een menigte staat langs de flanken, hun fakkels als sterren die de renners begeleiden. Het is een ogenblik doordrenkt van betekenis, een symfonie van aanmoediging die de ziel beroert. Terwijl ik mijn benen tot het uiterste drijf om de grip op de kasseien te behouden, voel ik de spanning en het verlangen om te presteren. De benen voel ik niet. In een glimp zie ik ze staan: mijn vrienden en zus met een fakkel in de hand. Mijn handen moet ik op het stuur houden, dus zwaaien kan ik niet. Nu sta ik er echt alleen voor.

Boven op de Kapelmuur draai ik naar rechts, en sla ik de weg naar het zuiden in. Als ik achterom kijk, verlichten tientallen witte fietslampen de nacht, terwijl vóór mij de rode achterlichten van mijn mederenners in mijn richting schijnen. Het lijkt alsof ik me in een bewegend schilderij bevind, waarin licht en duisternis een dans uitvoeren. Steeds meer witte koplampen veranderen in rode achterlichten als ze me passeren. Ik word veel ingehaald. Op mijn beurt rijd ik alleen anderen voorbij wanneer ze stilstaan. Een voorbode van het vervolg van mijn race.

Dan, na een aantal uur, is daar het moment: in de donkere sluier van regen zie ik geen andere renners meer. Niet meer vóór en niet meer achter me. Hier ben ik dan, alleen met mijn gedachten, het ritme van mijn ademhaling en het regelmatig tikken van mijn pedalen. Een diepe rust daalt neer. De onstuimigheid van de start, de jubelende menigte en de drukte van de fietsers in optocht vervagen tot een verre echo. Wat resteert is de essentie: mijn fiets, mijn gedachten en de weg die zich voor me uitstrekt, niet verder dan mijn koplamp schijnt.

HET GAAT NOOIT ALLEEN MAAR SLECHTER

Het is van korte duur. Plots vangt mijn lamp een flitsend achterwiel van een andere renner. Ik spreek hem aan en het blijkt Erik te zijn, een andere Nederlandse deelnemer. Hij vertelt me dat dit zijn tweede poging is om de race te voltooien. Vorig jaar moest hij opgeven na dagenlang worstelen met technische problemen en de meedogenloze tijdslimieten. Zijn ogen flitsen even van opwinding en vastberadenheid als hij zegt: 'Dit jaar ga ik het halen, wat er ook gebeurt.'

Het finishen van de Transcontinental Race is geen vanzelfsprekendheid. De route naar de finish is bezaaid met hindernissen en onzekerheden. Het is een uitdaging voor alle deelnemers, zelfs voor degenen die zich meer dan goed hebben voorbereid. Ongeveer de helft van de deelnemers zal de race niet uitrijden, ondanks hun inspanningen vooraf en tijdens de race. En zelfs als ze de race wel voltooien, zal niet iedereen de finish halen binnen de genadeloze tijdslimiet. Voor deze race staat die limiet op 15 dagen.

Bij de eerste ochtendgloren bevind ik me al ruim in Frankrijk. De eerste 150 kilometer liggen al achter me als proloog voor wat komen gaat. De nacht was niet zonder zijn uitdagingen. De wegen, bemodderd en glad door de regen, hebben het schakelsysteem van mijn fiets besmeurd, met name de voorderailleur. De behoefte om de versnellingskabel opnieuw af te stellen duurt kostbare minuten van mijn tijd. In deze vroege uren van de wedstrijd voelt het als een eeuwigheid. Toch dringt het besef tot me door dat het belang van deze kleine tegenslagen op de weg zal afnemen en in het niets zal verdwijnen.

In Charleville-Mézières, een stad die ik goed ken van eerdere verkenningen, pauzeer ik even om mijn watervoorraad aan te vullen bij een bekende watertap. Terwijl het koude water in mijn bidon stroomt, herinner ik me de warme zomerdag die ik hier heb doorgebracht tijdens mijn voorbereiding.

Ik werp een blik op de tracker, die de posities van mijn mederacers laat zien op de kaart. Hun verspreiding is opvallend. Hoewel we allemaal naar hetzelfde punt fietsen, kiest iedereen een andere route. Sommigen duiken de mooie wegen van Luxemburg in, anderen banen zich een weg door het Franse platteland. Het fascineert me: het samenspel van individuele strategieën binnen een gedeelde uitdaging, en hoe ieder van ons zijn eigen unieke pad probeert te vinden. Elk pad vertelt een eigen verhaal.

Na het begin van mijn race begint mijn zoektocht naar ritme. Ik heb ervoor gekozen om zoveel mogelijk over vlakke wegen te fietsen, die zich van nature in de buurt van water begeven. De eerste rivier die ik tegenkom is de Maas, gevolgd door de Moezel. Af en toe moet ik echter de rivier verlaten, en dat betekent dat ik onvermijdelijk moet klimmen. Op de hellingen gaat mijn snelheid omlaag. Mijn fiets weegt ruim twintig kilo, waardoor het een zware last is. Hoewel mijn benen nog fris zijn, wil ik geen onnodige inspanningen leveren. Ik weet immers dat deze wedstrijd een marathon is en geen sprint. Terwijl ik zelden pauzeer, voel ik de kilometers onder mijn wielen verdwijnen, de zachte bries die mijn bezwete voorhoofd koelt en de ritmische cadans van mijn pedalen die een geruststellende melodie vormen in de stilte van de vroege ochtend. Tegen het middaguur staat er al 300 kilometer op de teller. Hoewel dit voor velen al een volwaardige fietsafstand zou zijn, voelt het voor mij alsof de wedstrijd pas net is begonnen.

In de uitgestrekte context van een race als deze krijgen afstanden een meer fluïde, relatieve betekenis. Ze zijn niet enkel gedefinieerd door de kilometers die voorbij vliegen onder je banden. Nee, ze worden mede bepaald door de uren, momenten van rust, en inspanning. Het idee van 16 uur fietsen per dag? Voor sommige mensen is dat ontmoedigend, haast ondenkbaar. Maar te midden van die uitdaging ligt een verrassend comfort: de onwrikbare waarheid dat een dag altijd 24 uur zal hebben, ongeacht het landschap of de beproevingen. De onveranderlijke constante biedt een anker, een referentiepunt waaraan je je mentaal kunt vastklampen.

In plaats van geïntimideerd te worden door de immense taak die voor je ligt, kun je de tijd opsplitsen en zo het einddoel in behapbare stukken verdelen. Zo wordt een immense taak beheersbaar. Je ziet het niet langer als één grote berg, maar als opeenvolgende heuvels. Elke heuvel met zijn eigen top om te bereiken.

De langste pauze van mijn dag breng ik door bij de Lidl in de Franse plaats Toul. Slechts twee weken geleden was ik hier bij dezelfde Lidl tijdens mijn verkenningstocht om te rusten en te herstellen van de intense hitte. Het was die dag ruim 35 graden. Maar vandaag is het anders. De temperatuur is mild en aangenaam, ruim 20 graden, en aan de hemel zijn wolken die de zon als een beschermend schild koesteren. Het landschap is perfect voor een fietstocht. Ik kan niet anders dan blij zijn dat ik de kans heb om hier weer te zijn.

Terwijl ik de tijd neem om mijn voorraad eten en drinken aan te vullen, kijk ik om me heen en neem de omgeving in me op. Ik zie drie andere renners die hun pauze nemen naast de winkelkarretjes en realiseer me dat ik niet de enige ben die behoefte heeft aan een korte stop. Hoewel ik vind dat mijn stop te lang duurt, vertrek ik als eerste en volg ik mijn koers langs een kaarsrecht kanaal richting de Vogezen.

Dit traject is geliefd onder de racers, omdat er geen steile beklimmingen zijn en je via een fraai fietspad door de Vogezen naar Zwitserland kunt rijden. Dat verklaart waarom ik vaak wordt ingehaald. Maar dat is prima, het betekent dat ik niet hoef te haasten om in de buurt van de rest te blijven. Zolang ik zorg dat de lengte van mijn pauzes minimaal zijn, zit ik goed.

Mijn stemming is goed. Soms check ik even mijn fietscomputer om te zien hoe ver ik al ben gekomen. Het voelt geweldig dat ik met zoveel gemak lange afstanden kan afleggen. Het is het resultaat van maandenlange voorbereiding. Tot nu toe heb ik geen enkel moeilijk moment gehad. Op de enige berghelling die ik moet trotseren om de Vogezen achter me te laten, de col de Bussang, ben ik al voorbij de 500 kilometer. Ik trek mijn reflecterende vest aan en schakel mijn fietslampen in. Het is nu donker en een nieuwe nacht begint.

In het Franse dorp Wittelsheim maak ik een stop bij een kleine fastfoodzaak die tot laat open is. Ik haal drie hamburgers en zoek dan naar een plek om te slapen. Na wat rondkijken en twijfelen, besluit ik mijn bivakzak uit te rollen in het struikgewas bij een parkeerplaats in het dorp. Het is niet de meest idyllische plek, maar dat is ook niet nodig tijdens deze tocht. Zolang ik maar even ongestoord kan slapen, is het prima.

De eerste dag is achter de rug. Met een afstand van 534 kilometer in vijfentwintig en een half uur, inclusief noodzakelijke pauzes, voel ik de vermoeidheid in mijn benen en de onvermijdelijke vraag in mijn gedachten: hoe zal ik de komende dagen deze intense inspanning volhouden? Terwijl ik in mijn bivakzak kruip, met de nacht als enige getuige, weet ik dat dit pas het begin is van een epische tocht vol onverwachte wendingen. Ik lig mooi op koers, een schema dat nooit op papier is gezet maar wel zorgvuldig in mijn gedachten is uitgestippeld.

DAG 2 - SPEL VAN STRATEGIEËN

Mijn slaapstop duurt precies vijf uur, waarvan ik er vier diep slaap. Dit is onderdeel van mijn ongeschreven plan, een strategie die ik zorgvuldig in mijn hoofd heb uitgewerkt. Consistentie is cruciaal; het biedt houvast in de chaos van de race. Voor mij is dat zestien uur fietsen, drie uur niet fietsen door eten kopen, fiets repareren en andere noodzakelijke dingen regelen en een slaapstop van vijf uur. Iedere dag. Ieder etmaal van 24 uur.

Onderweg naar de Zwitserse grens word ik ingehaald door Paul, een herkenbaar silhouet in de schemering. Zijn snelheid is indrukwekkend, en ik weet dat deze scène zich nog vaak zal herhalen in de komende dagen. Paul fietst beduidend sneller dan ik, maar hij heeft er bewust voor gekozen om zijn fietsdagen wat korter te houden. Althans, binnen de context van het ultrafietsen. Op de tweede dag van de race worden de diverse strategieën helder. Terwijl sommigen als een komeet voorbij schieten zonder een pauze voor slaap, kiezen anderen juist voor een kalmer tempo met het oog op de lange termijn.

Ik behoor duidelijk tot de tweede groep. Bovendien kies ik voor een andere route dan de overgrote meerderheid. In Zwitserland is een fietspad richting de Gotthardpas afgesloten. In de voorbereiding van de race zijn er vanuit de raceorganisatie meerdere e-mails verstuurd en officiële bekendmakingen gedaan dat het niet de bedoeling is daarover te fietsen. Het alternatief is een gravelweg over de bergkam ernaast, maar dat alternatief mis ik volledig in mijn voorbereiding. Al snel had ik besloten het gebied helemaal te vermijden en een omweg van enkele tientallen kilometers te maken. Op papier niet sneller, maar wel relaxed. Zonder de stress van voor een mogelijk afgesloten weg te staan.

Plotseling doemen de majestueuze Alpen op aan de horizon, hun rotspieken scherp afgetekend tegen de dreigende wolken. Dit is een landschap dat ik alleen van foto's ken, en de werkelijkheid overtreft al mijn verwachtingen. Mijn leven heeft me nog nooit naar deze bergketens gebracht, laat staan dat ik hier ooit eerder op mijn fiets ben geweest. Achter mij onweert het al. Het weer is een van de vele onbekende variabelen en begint zijn eigen spel te spelen: wat zal het hier in de bergen brengen?

Niet lang na het startsein van de eerste en enige klim van de dag, die bijna 50 kilometer lang is, voel ik de eerste regendruppels op mijn gezicht. De lucht ruikt fris en dreigend, en ik trek snel mijn water- en winddichte jas aan, samen met een korte regenbroek en waterafstotende beenwarmers. Een luxe die niet iedere deelnemer zich kan veroorloven. Het weer blijkt uiteindelijk mee te vallen. De regen is intens, maar het ontwikkelt zich niet tot een stortbui, en het onweer blijft op afstand. Mijn bezoek aan de supermarkt blijkt perfect getimed, net op het moment dat de regen serieus losbarst.

De klim zal gezien mijn tempo vele uren in beslag nemen. Omdat de avond al is gevallen, betekent dit doorgaan tot diep in de nacht. Slapen op grote hoogte van de berg is geen optie. Daar zijn de temperaturen nauwelijks boven het vriespunt. De koplopers van de wedstrijd hebben zelfs winterse neerslag ervaren op de San Bernardinopas, die ik nu tijdens deze late avond moet trotseren.

Mijn route verschilt aanzienlijk van die van andere deelnemers, en aangezien de race verplichte passages bevat, kom ik anderen in tegenovergestelde richting tegen. Ik beklim de San Bernardinopas vanuit het noorden om vervolgens af te dalen en weer vanuit het zuiden omhoog te moeten. Na een indrukwekkend lange klim - de langste die ik ooit heb gedaan- bereik ik eindelijk de top. Op de top ontmoet ik Jaimi, de leidende vrouw in de race. Haar gezicht verlicht kort in het schijnsel van mijn koplamp, haar ogen scherp en gefocust. Ze kijkt verbaasd als ze mij vanuit de tegenovergestelde richting ziet aankomen. Ik trek wat extra lagen kleding aan en ben dankbaar voor mijn warme handschoenen. Zij heeft haar handschoenen verloren en gebruikt nu haar armwarmers als alternatief. In deze race is creativiteit noodzakelijk wanneer je geconfronteerd wordt met uitdagende omstandigheden. Na de succeswensen over en weer storten we ons beiden op de afdaling. Zij in noordelijke richting, ik in zuidelijke.

Tijdens de afdaling passeer ik enkele andere deelnemers die al uren voorsprong hebben. Mijn onverwachte verschijning vanuit de 'verkeerde' richting wekt verbaasde blikken en opgetrokken wenkbrauwen. 'Waarom kom je naar beneden?' roept iemand verbaasd. 'Vraag dat maar aan Christoph Strasser,' antwoord ik met een glimlach, verwijzend naar de winnaar van vorig jaar die dezelfde route heeft gekozen. Christoph bevindt zich ook in deze editie in de voorhoede van de wedstrijd. Hij heeft dezelfde route als ik gekozen, maar was al voor de tweede keer over de pas voordat ik überhaupt bovenaan stond. Ik ben hem niet tegengekomen.

Na het voltooien van de langste klim die ik ooit op de fiets heb bedwongen, wacht onvermijdelijk de langste afdaling ooit. Een natte afdaling, in het aardedonker, na al ruim 300 kilometer achter de rug te hebben en na slechts vier uur slaap. Als je deze elementen zo op een rijtje zet, zou dat enige spanning teweeg moeten brengen. Maar vreemd genoeg voel ik geen spanning, eerder een diepgaande kalmte. Een rust die me omringt, bijna bovennatuurlijk in haar intensiteit. Misschien is dit het resultaat van mijn voorafgaande visualisatie.

In de maanden voorafgaand aan dit evenement heb ik af en toe mijn ogen gesloten en alle mogelijke scenario's in mijn geest afgespeeld, ze werkelijk voor me gezien. Vanavond lijkt die inspanning zijn vruchten af te werpen, want deze afdaling voelt als een routineklus. Lampen aan, fietscomputer aan de oplader, remmen controleren; klaar om te vertrekken. Van buiten naar binnen, weer naar buiten. Iedere bocht opnieuw, tientallen haarspeldbochten naar beneden. De snelheid staat niet op mijn scherm, maar na deze rit kijk ik naar mijn maximale snelheid: 74 kilometer per uur, in het duister, met een zwaarbeladen fiets. Het lijkt eigenlijk dwaasheid, maar op geen enkel moment verlies ik de controle over de situatie. Niet tijdens deze afdaling, en eigenlijk ook niet tijdens deze eerste twee dagen van de race. Beneden in een dorpje zoek ik een speeltuin op. Ik spreid mijn bivakzak uit op een picknicktafel. Binnen tien minuten val ik in een diepe slaap.

DAG 3 – ALLE SEIZOENEN

De eerste wekker gaat om 5 uur, maar ik druk hem uit en val onmiddellijk terug in een diepe slaap. De tweede wekker hoor ik niet eens. Pas bij de derde wekker, om 6 uur, word ik echt wakker. Buiten de bivakzak voelt het koud aan. De wind snijdt langs de picknicktafel, en mijn kleding is klam. Maar binnen mijn bivakzak is het nog net te doen. Voor het eerst merk ik dat mijn discipline wankelt; ik voel geen drang om onmiddellijk op te staan. Dus blijf ik nog even liggen, luisterend naar de wind die om de picknicktafel waait. Mijn ogen glijden over de tracker, en tot mijn opluchting zie ik dat er slechts enkele stippen in de buurt actief zijn. Hoewel ik mezelf had voorgenomen om me niet te laten beïnvloeden door anderen, merk ik dat zelfs dit lastig te vermijden is. Aangezien de racers om me heen ook nog lijken te slapen, schuif ik de tijd een beetje op voordat ik om 6.30 uur daadwerkelijk uit mijn bivakzak kruip en de nieuwe dag tegemoet ga. Het ochtendlicht is al aan het doorbreken, en de eerste zonnestralen raken voorzichtig het bergdal.

Zodra ik weer op mijn fiets zit, voel ik een intense honger opkomen, bijna misselijkmakend in haar hevigheid. Ik heb nog wat croissantjes en andere broodjes die ik eerder van de supermarkt heb meegenomen. De verleiding om te stoppen bij een van de vele terrassen waar Zwitsers genieten van hun ontbijt en waar de heerlijke geur van vers gebakken broodjes naar buiten waait, weet ik te weerstaan. Er is geen tijd om te verliezen. Ik bevind me tenslotte in een race.

Mijn 'sportieve ontbijt' is de uitdagende klim van de San Bernardinopas, een tocht naar meer dan 2.000 meter hoogte. In mijn berekeningen schat ik dat ik hier wel bijna de hele ochtend mee bezig zal zijn. Hoewel ik tot de langzaamste klimmers behoor, koester ik een diep genoegen in deze uitdaging. De vergezichten zijn adembenemend; de stilte is bijna tastbaar. Alleen mijn eigen ritmische ademhaling, het lied van vogels en het zachte geruis van bergstroompjes vullen de lucht. Af en toe passeren andere racers me op de lange klim, elk met hun eigen tempo en vastberadenheid. Ik wens ze stuk voor stuk succes toe, en fluister in mezelf: tot vanavond. Mijn kracht ligt niet in snelheid, maar wel in mijn doorzettingsvermogen waar anderen halt houden.

Vandaag staat er een dag vol talloze klimpartijen op het programma. Zoveel, dat ik bijna geen vergelijkingsmateriaal heb, behalve één dag. Drie jaar geleden bedwong ik in één dag herhaaldelijk dezelfde klim in Zuid-Limburg, totdat ik de hoogte van de Mount Everest had bereikt. Het kostte me toen een hele dag om dat te bereiken, maar die ervaring blijkt van onschatbare waarde op dagen als deze. Het overbruggen van zulke lange afstanden vereist meer mentale dan fysieke kracht, iets wat ik de afgelopen jaren heb geleerd. Een veelgehoorde uitspraak, maar wat houdt het werkelijk in? Voor mij is dat het vermogen om je eigen gedachten van een afstand te bekijken. Als je verstrikt raakt in innerlijke dialogen die beweren dat iets onmogelijk, ondraaglijk, of onrechtvaardig is, neem je die overtuigingen lichamelijk over.

HET GAAT NOOIT ALLEEN MAAR SLECHTER

Mijn benen zijn niet uitzonderlijk, ze zijn vergelijkbaar met die van een bovengemiddelde amateurfietser. Maar mentaal ben ik sterk getraind. Dit stelt me in staat om ten minste de eerste uitdagingen van deze race zonder al te veel moeite te trotseren en er met volle teugen van te genieten.

Deze ochtend beklim ik voor het eerst in mijn leven een Alpenpas bij daglicht. De kronkelende haarspeldbochten, de betoverende vergezichten, het is werkelijk prachtig. Bijna ontroerend. Een soortgelijke ervaring koester ik van mijn fietstocht langs de fjorden van Noorwegen twee jaar geleden, toen ik met een zwaarbeladen fiets de steile hellingen op kroop, op weg naar de Noordkaap. Elk nieuw avontuur roept herinneringen op die in het dagelijkse leven vervagen, maar op de fiets herleven als levendige taferelen, alsof ze gisteren plaatsvonden.

Na een tocht van bijna vijf uur, gewijd aan ononderbroken klimmen, kom ik eindelijk over de top. Of beter gezegd, de top van de pas. Het verbaast me altijd hoe een pas, hoewel het laagste punt tussen twee bergtoppen, aanvoelt als een piek op zichzelf. De top van de pas markeert eveneens een keerpunt. Hier, op de scheidingslijn van twee taalgebieden, bereik ik de climax van de San Bernardino. Vanuit het Italiaanstalige Valle Mesolcina klauter ik omhoog naar het Duitstalige Hinterrheintal. Aan de Duitstalige kant ontvouwt zich een totaal ander weerbeeld. Waar ik op de klim nog fietste in het zonlicht met blote armen, wordt het aan de Duitse kant geteisterd door regen en daalt de temperatuur met tenminste tien graden.

In een gestage afdaling glijd ik over het asfalt naar Splügen, om daarna via de kronkelende wegen van de Splügenpas koers te zetten naar het hart van de Italiaanse Alpen. Op deze nieuwe klim, met zijn schijnbaar oneindige haarspeldbochten, schuiven andere racers één voor één aan mij voorbij. Als afleiding tel ik hoe snel mijn achterstand groeit. Een halve minuut, een hele minuut, twee minuten... Ja, dit is een wedstrijd, maar een die zich onderscheidt van alle andere fietsevenementen.

Slechts twee maanden terug nam ik deel aan een 'rondje om de kerk'-race, waarin ik een uur lang alles gaf. Met een gemiddelde snelheid van bijna veertig kilometer per uur wist ik te winnen. Maar deze race gaat verder dan dat. Hier ga ik op zoek naar de grens van mijn uithoudingsvermogen. Kruipend omhoog, bijna in slow motion, zo traag gaat het. Terwijl ik mijn weg omhoog vind, lijkt Griekenland zowel ver verwijderd als onvermijdelijk dichtbij. Dit is het onuitgesproken plan, gebeiteld in mijn geest. Geen enkele krachtsinspanning forceren, slechts voortbewegen. Dit mantra blijft mijn gids, hoe indrukwekkend, langdurig en inspannend de bergen ook mogen zijn die ik met mijn fiets moet trotseren.

Op de Splügenpass is het temperatuurverschil immens. Boven op de pas registreer ik een frisse 9 graden, en na een lange, technische afdaling beland ik in het Italiaanse dal bij het plaatsje Chiavenna, waar de thermometer een zomerse warmte van ruim 32 graden aangeeft. In slechts een uur tijd kom ik van een koude herfst in een warme zomer. Deze uitersten in weersomstandigheden vormen een uitdaging voor elke deelnemer van de race. Te veel kleding aan hebben in de hitte is ronduit onplezierig en kan de prestaties ernstig belemmeren wanneer de warmte geen uitweg vindt. Onderkoeling kan daarentegen rampzalige gevolgen hebben.Afgekoelde gewrichten en spieren kunnen blijvende schade veroorzaken, vaak pas dagen later merkbaar na ononderbroken fietsen zonder herstel. Ook deze race vallen er vele deelnemers ten prooi aan dergelijke klachten, vaak mede veroorzaakt door de grillige weersomstandigheden in de Alpen.

De mate van concentratie op de fiets kent uiteenlopende extremen. Soms vliegen de uren voorbij zonder dat ik me bewust ben van mijn omgeving of snelheid. Dit verschilt sterk van mijn ervaring tijdens de afdaling van de Splügenpass, nu de Passo dello Spluga aan de Italiaanse kant. De weg kronkelt in krappe haarspeldbochten en doorkruist talloze tunnels waar de zon plotseling verdwijnt achter halve betonnen bogen. Mijn volledige aandacht is vereist om veilig beneden te komen. Deze middag ben ik niet de enige die afdaalt; een groot aantal toeristen steekt de pas per auto over en moet ook naar beneden.

Ik ontsnap ternauwernood aan een botsing met een auto die abrupt voor mij remt. Een onbedoelde krachtterm ontsnapt uit mijn mond. De automobilist heeft zijn ramen gesloten, anders zou mijn boodschap iets té goed zijn overgekomen, want de auto heeft een Nederlands kenteken. Bij de eerstvolgende rechte strook baan ik me langs de auto. Hoewel je op de fiets langzaam omhoog gaat, kunnen auto's en motoren je bij het afdalen vaak niet bijhouden.

Beneden aangekomen begint direct de volgende klim. Naast de verplichte routes moet een deelnemer van de Transcontinental Race bij vier stempelposten een stempel halen. De eerste stempelpost is bewust gekozen in Livigno, midden in de Alpen, waardoor elke route de nodige Alpenpassen bevat.

Vandaag bevind ik me midden in het klimgeweld. Ondanks mijn inspanningen gaan de kilometers langzaam voorbij. De eerste bergpas die ik vandaag moet beklimmen is de Malojapas. Onderweg naar boven kom ik twee professionele wielrensters tegen die duidelijk een cadanstraining doen, waarbij ze met meer dan 120 pedaalslagen per minuut naar boven dartelen. Zelf haal ik nauwelijks de helft. Al snel verdwijnen ze uit het zicht. Ik ben inmiddels zo gewend aan het klimmen dat ik nauwelijks besef welke bergpassen ik al heb bedwongen en nog moet beklimmen. Ik volg simpelweg het lijntje op mijn fietscomputer en accepteer dat ik het grootste deel van de dag klimmend doorbreng.

Bovenop de pas bereik ik een plateau met een weids uitzicht op het Meer van Sils aan mijn rechterhand. De matige wind vanaf het water laat de temperatuur dalen, waardoor het te koud is voor een korte broek. Zelfs mijn neus begint spontaan te bloeden door de temperatuurschommeling. Achter mij hangt er een auto die me begint te irriteren. 'Waarom haalt hij me niet gewoon in?' denk ik. De auto komt naast me rijden en het raampje gaat omlaag. 'How are you doing?' zegt een stem in onvervalst Brits Engels. Het blijkt de media-crew van de race te zijn, met een fotograaf die uit het raam hangt. Ze leggen me vast met een zakdoek in mijn neus om het bloeden te stoppen. Plots voel ik me weer volledig in de race. Op zulke lange, trage dagen vergeet ik dat soms.

Bij mijn volgende bezoek aan de Lidl bereid ik me voor op een koude avond en trek extra lagen kleding aan. Tot mijn verrassing ontdek ik iets bijzonders in het gangpad van deze supermarkt: warme cheeseburgers. Het lijkt een vreemde vondst tussen de gebruikelijke boodschappen, maar ik kan de verleiding niet weerstaan en koop het hele schap leeg.

Terwijl ik mijn fiets vul met mijn culinaire buit, benadert een jongeman me plotseling. 'Jij doet toch mee aan de race? Dan ben jij vast Marten,' zegt hij glimlachend. Zijn woorden wekken een gevoel van gemeenschap op, alsof ik deel uitmaak van een groter avontuur dan mijn eigen fietstocht. De jongeman is een 'dotwatcher', een van de vele mensen in Europa die via een tracker de bewegingen van de deelnemers volgen. De renners verschijnen als stippen op een kaart en bewegen in kleine sprongen vooruit.

Het is fascinerend te bedenken dat anderen mijn voortgang volgen terwijl ik mijn weg vervolg. Op de kaart staat bij mijn stip mijn officiële naam uit mijn paspoort - Marten Boas Salomo Belder - wat me een andere identiteit geeft dan ik gewend ben. Het voelt alsof ik even ontsnap aan mijn alledaagse leven en in de rol van de avontuurlijke Marten Boas Salomo Belder stap.

'Het kan vanavond gaan sneeuwen,' vertrouwt de dotwatcher me toe, precies op het moment dat ik mijn been over het zadel zwaai om te vertrekken. Zijn woorden vervagen de herinnering aan de hitte die het dal van Chiavenna eerder die dag teisterde, en die nu haast onwerkelijk lijkt. Met elke trap beweeg ik verder van het heden en dichter bij het onbekende, beseffend dat de warmte van de dag plaats heeft gemaakt voor de fluisterende belofte van een koude nacht.

Sneeuw blijft uit op de laatste twee bergpassen voordat ik het checkpoint bereik. De heldere lucht, bezaaid met fonkelende sterren, en de kalme maan verlichten de avond als een betoverend schouwspel. Maar het is koud, een kou die mijn huid strak doet aanvoelen. Op de Berninapas markeert de thermometer een ijzige nul graden, terwijl de vorst op de Livignopas, de laatste uitdaging van de dag, zijn greep laat voelen. Mijn warme kleding beschermt tegen de kou, maar toch kruipen er rillingen over mijn rug terwijl ik over de natte weg afdaal richting Livigno.

Een zucht van opluchting ontsnapt me wanneer ik het eerste checkpoint bereik, gelegen in het belastingvrije Italiaanse wintersportdorpje Livigno. De warmte van het hotel-restaurant omarmt me, en ik vind gezelschap bij andere deelnemers die eerder op de avond zijn aangekomen, gestrand door dezelfde bijtende kou. Tot mijn vreugde word ik verwelkomd met een verrassing: speciaal voor de laat aankomende renners - het is bijna tien uur 's avonds - wordt er pasta opgewarmd.

Het is een zeldzaam genot. Voor het eerst in drie dagen eet ik aan een tafel een warme maaltijd, terwijl ik mijn plannen voor de volgende etappe overdenk. Ik gun mezelf een uur zonder haast of beweging, gewoon even pauze. De hoteleigenaar biedt een ideale kans: deelnemers mogen deze nacht rusten in zijn kinderspeelverblijf. Zonder twijfel haal ik mijn luchtbed uit de achtertas van mijn fiets en ga naar de speelkelder. Als eerste in wat later een volle speelzaal zal worden, lig ik op mijn luchtbed.

Ik probeer te slapen, maar het lukt niet. Mijn lichaam is ontspannen, maar mijn geest blijft druk. Ik denk aan mijn route, waar ik onderweg kan eten en drinken, en wat ik nog moet doen tijdens deze geweldige fietstocht. Plotseling overvalt me een duizelig gevoel, alsof alles om me heen draait. Na twee uur onrustige slaap besluit ik dat het genoeg is. Routinegewijs laat ik de lucht uit mijn luchtbed ontsnappen en kleed me aan. Ik neem afscheid van de vrijwilligers bij het checkpoint en loop naar mijn fiets. Het is tijd om naar de sterren te kijken. De nacht is nog jong en ik heb nog een lange weg te gaan. Terwijl ik denk aan de pittoreske dorpjes en prachtige vergezichten die me te wachten staan, stap ik op mijn fiets en zet koers naar het volgende checkpoint.

Eerste stempel op het brevet in Livigno, na 3 dagen, 0 uur en 15 minuten

DAG 4 – DIEPERE BETEKENIS

Het idee van fietsen onder de sterrenhemel maakt me gelukkig. De sterren en de maan hebben me altijd gefascineerd en ik vind het heerlijk om 's nachts te fietsen. De rust en stilte zijn ontspannend, waardoor ik mijn gedachten de vrije loop kan laten. Ik denk terug aan mijn fietstocht van gisteren en hoe ik heb genoten van de prachtige omgeving. Vastbesloten om elke seconde te waarderen en de beste herinneringen te creëren, fiets ik verder de nacht in.

De eerste klim van de dag verloopt verrassend soepel. Ondanks slechts twee uur onrustige slaap voel ik me energiek en klaar voor de uitdaging. Het voelt bijna als valsspelen, aangezien ik al onderweg ben terwijl de andere racers nog in bed liggen in Livigno. Ik geniet van de eenzaamheid in de bergen en voel me één met de natuur. Bij het bereiken van de top maakt de rust plaats voor een adrenalinekick. De afdaling gaat razendsnel en het is nog te donker om de weg goed te zien. Met snelheden tot 60 kilometer per uur race ik naar beneden, op weg naar het dal van Bormio. Beneden aangekomen wordt het langzaam licht.

Hoewel ik niet aan de bekende kant van het gebergte sta, wacht nu de Stelviopas, een van de hoogste Alpenpassen en de hoogste van Italië. Tijdens een 'normale' fietsvakantie zou dit het hoogtepunt zijn, zowel letterlijk als figuurlijk. Vandaag is het slechts een ochtendklim, gevolgd door nog uren fietsen.

Voor een deel van mijn familie heeft dit fietsgebied een diepe betekenis. Hier wordt jaarlijks een bijzondere actie georganiseerd om fondsen te werven voor onderzoek naar een geneesmiddel tegen energiestofwisselingsziekten. Een meedogenloze ziekte waarmee mijn achterneefje Jesse werd geboren, en die zijn jonge leven beëindigde toen hij slechts 15 maanden oud was.

In de vroege ochtenduren, alleen op deze berg, dwalen mijn gedachten af naar Jesse en alle andere kinderen die moeten strijden tegen deze ongeneeslijke ziekte.

Het is soms een uitdaging om uit de wedstrijdsfeer te stappen en aandacht te schenken aan andere aspecten van het leven. Deze ochtend realiseer ik me dat er belangrijkere zaken zijn dan persoonlijke prestaties en ambities. Er zijn dierbare dingen in het leven - en ook in de dood - die verder gaan dan sportieve prestaties. Terwijl ik de berg trotseer, voel ik een diepe dankbaarheid dat ik kan doen wat ik wens te doen. Zonder enige beperkingen.

Wat mijn sportieve prestaties betreft, kan ik zeggen dat deze beklimming misschien wel mijn beste tot nu toe is. Binnen twee uur bereik ik de top van de Umbrailpas en begin vol enthousiasme aan de afdaling. Terwijl ik afdaal, ruik ik de geur van oververhitte remblokjes - een teken dat ik alles uit mijn fiets en mezelf haal.

Eenmaal beneden zet ik koers richting Merano en begin aan een glooiend fietspad. Daar wacht een aangename verrassing: mijn middelbare schoolvriend Flo is met vrienden op vakantie in de buurt. We besluiten bij te kletsen bij de supermarkt terwijl ik mijn voorraad eten voor de rest van de dag insla. Het is een welkome onderbreking om even met een bekend gezicht te praten. Het herinnert me eraan dat de Transcontinental Race niet alleen om persoonlijke prestaties gaat, maar ook om de ervaringen en ontmoetingen onderweg. Het is een moment om stil te staan bij de waardevolle dingen in het leven, zoals vriendschap en gemeenschap, en om te reflecteren op degenen die ons dierbaar zijn en hun impact op ons leven.

De rest van de dag voert me door een uitgestrekt dal in Oostenrijk, met voornamelijk rechte stukken zonder steile hellingen. Na de vele beklimmingen van de Alpenpassen is het een verademing om weer meters te maken op vlak terrein. Na een vroege start besluit ik ook vroeg te stoppen zodra ik een picknicktafel met een afdak langs het fietspad zie. Het weerbericht voorspelt een aangename nacht, dus ik gun mijn lichaam de rust die het verdient.

Nog geen tien minuten nadat ik me in mijn bivakzak heb genesteld, komen Marei en Tom voorbij peddelen op het aangrenzende fietspad. Hun onverwachte verschijning verrast me even, maar zodra ik hun stemmen hoor, besef ik dat het mede-deelnemers aan de Transcontinental Race zijn. Door onze gedeelde ervaringen en doelen voel ik me met hen verbonden, dus roep ik hen vriendelijk toe: 'good luck!' terwijl ze voorbij fietsen.

In een andere context zou een onverwachte stem uit de duisternis iemands hartslag verhogen, maar niet tijdens deze race. Het is bijna komisch hoe onverwachte nachtelijke interactie juist geruststellend kan zijn. Het tafereel is bijzonder: mensen die zich in het donker langs de weg, op parkeerplaatsen of in bushokjes hebben genesteld, gewikkeld in bivakzakken, proberen een paar ogenblikken slaap te pakken. Vanuit mijn slaapplek blijft het intrigerend om andere racers voorbij te zien trekken.

Een vriendelijke 'Have a good sleep!' weerklinkt als reactie, voordat mijn bewustzijn zich overgeeft aan de rust van de nacht. Het is een moment van gemeenschap in een race die vaak solitair is. We delen niet alleen de ervaring van het fietsen door Europa, maar ook de uitdaging om op de vreemdste plaatsen korte momenten van rust te vinden.

DAG 5 – INNERLIJKE DIALOOG

De weersvoorspellingen krijgen ongelijk. De wolken trekken weg. De duisternis van een heldere nacht omhult me, genadeloos koud. Het is een kou die niet alleen mijn lichaam, maar ook mijn ziel doordringt. Terwijl ik me uit mijn bivakzak bevrijd en mijn donsjas aantrek, voel ik me als een drenkeling die eindelijk de kust bereikt. Mijn huid tintelt van de kou en mijn spieren ontwaken langzaam uit hun ijzige sluimer. De stoffen van mijn kleding voelen klam en verweerd aan, als herinneringen aan een verleden dat zich niet gemakkelijk laat vergeten.

In gesprekken over mijn fietsavonturen denken mensen vaak dat het trappen van de pedalen het zwaarst is. Maar de ware proeven sluipen binnen in de stille momenten, wanneer de pedalen stilstaan en mijn lichaam naar herstel hunkert. 's Ochtends, met vermoeide ogen in een vreemde omgeving, voel ik de wilskracht om opnieuw op mijn fiets te stappen vechten tegen mijn wil om te blijven liggen. Dit zijn de echte testen, de momenten waarop ik mezelf moet overtuigen door te zetten. Maar dan komt het keerpunt. Zodra de wielen weer beginnen te rollen, verschuift de dynamiek. De drempel wordt overwonnen en maakt ruimte voor een eigenaardig soort genot, een stille extase die zich in alle rust aandient.

De momenten van twijfel sluipen soms binnen als schaduwen. Ik vraag me af of ik opgewassen ben tegen wat nog komt. Maar dan herinner ik me waarom ik dit doe. Het gaat niet alleen om fysieke uitdagingen, maar ook om de mentale kracht om door te gaan. Het gaat om de vrijheid die ik voel wanneer ik op mijn fiets zit en de wereld om me heen verken. Het gaat om de verbinding met de natuur en met mezelf. Het gaat om het overwinnen van angsten en het uitdagen van mijn grenzen.

Het is niet altijd gemakkelijk. Soms voel ik me eenzaam en verloren, omringd door een vreemde omgeving zonder duidelijke richting. Dan moet ik diep graven om de kracht te vinden door te gaan. Maar als ik dat doe, voel ik me sterker dan ooit. Ik voel me levend en krachtig, klaar om alles aan te kunnen wat het leven op de fiets me biedt. Die wetenschap helpt me keer op keer over de drempel.

De nacht dwingt me vroeg op mijn fiets en ik begroet de eerste klim met open armen. Het pad leidt me omhoog, van het ene dal naar het andere. Het landschap weerspiegelt mijn eigen reis, met pieken en dalen die me vormen. Elke pedaalslag brengt me verder, niet alleen op de weg maar ook in mezelf.

Hoewel deze klim kort is het niveau van een heuvel in de Ardennen niet ontstijgt, is het toch een uitdaging met koude spieren en gewrichten. De duisternis omhult me terwijl ik de eerste meters afleg en ik zie dat ik niet de enige ben die vroeg is opgestaan. Het achterlicht van een medefietser verdwijnt geleidelijk uit het zicht in de bochten.

Ik ben een langzame klimmer, maar mijn vaardigheid onthult zich in de afdalingen. Aan het einde van de afdaling haal ik Joanna in, degene die ik een tijdlang volgde. Ze kiest een andere route en het lijkt erop dat haar keuze gunstiger is. Mijn route leidt me naar een slecht onderhouden weg, waardoor ik een omweg moet maken. Het kost me enkele uren om haar weer in te halen, maar het is fascinerend om te zien hoe uitdagend het kan zijn om aanzienlijke verschillen te creëren met andere racers. Dergelijke verschillen ontstaan slechts door de stilstand.

De zon werpt zijn eerste stralen over het Oostenrijkse landschap en kleurt de wereld in zachte tinten van ochtendgloren. Mijn blik glijdt over het vlakke fietspad voor me, zonder helling of bocht die mijn aandacht vraagt. Geen fluitende vogels, geen ritselende bladeren, geen kabbelende beekjes. Een diepe stilte, waarin ik alleen mijn eigen ademhaling hoor. Gedachten drijven als losse wolkjes voorbij, zonder vorm of samenhang. Een kalme leegte vult mijn geest, als een wit canvas waarop nog niets geschreven is.

De pedalen draaien onverstoorbaar, als een automatische handeling die geen inspanning meer vraagt. Er is geen noodzaak om te stoppen; mijn tassen zijn gevuld met eten en mijn bidons met water. Deze kilometers voelen als droomtijd, een passage die ik me later amper zal herinneren. Alsof een onzichtbare hand het stuur overnam en ik toeschouwer was van mijn eigen reis. Slechts de vastgelegde foto's getuigen van mijn aanwezigheid hier. Er zijn geen verhalen, want wat valt er te vertellen over momenten zonder interactie met de wereld om me heen?

Maar juist deze kilometers, die ogenschijnlijk voorbijglijden zonder merkbare gebeurtenissen, zijn de ziel van een lange tocht. Momenten van adempauze, waar problemen en vragen even aan de kant worden geschoven. Te midden van deze serene rust kan een nieuwe wending ontstaan, als een vleugje wind dat plots de stilte verstoort. Later op de dag zal de vrede van dit moment nog resoneren in mijn herinneringen.

'Hoe gaat het met je?' snijdt als een melodie door de stilte. Deze vraag doorbreekt altijd de eenzaamheid tussen twee deelnemers die elkaar op de weg kruisen. Na een korte sanitaire stop heeft Hans-Udo me ingehaald. Zijn dubbele pet, kleding en de glans van zijn titanium fiets onthullen zijn ervaring. Een jaar geleden eindigde hij als 8e in de Trans Am Bike Race, de Amerikaanse tegenhanger van de Transcontinental, met nog meer kilometers. 'Ja, het gaat goed,' antwoord ik.

Ik realiseer me dat ik hem kan vragen naar zijn ervaringen tijdens de Trans Am Bike Race en hoe hij zich voorbereidt op langeafstandsraces, om meer te weten te komen over zijn prestaties. Ik besluit hem dat later te vragen. Als ik een dag later op de tracker zie dat Hans-Udo heeft opgegeven vanwege knieproblemen, kan ik het bijna niet bevatten. Het benadrukt de fragiliteit van dit avontuur en het constante gevaar van blessures, zelfs voor de meest ervaren rijders.

Na Oostenrijk fiets ik een uur door Italië, waarna het prachtige landschap van Slovenië volgt. Het Schengenverdrag maakt deze overgang naadloos, zonder grenscontroles. Voor mij heeft deze grensovergang een speciale betekenis. Het is het eerste land op deze tocht dat ik nog niet eerder heb bezocht en de eerste van een reeks nieuwe landen. Het voelt alsof hier een nieuw, onbekend deel van mijn reis begint.

Met Slovenië heb ik een speciale band. In 2020, het jaar van de pandemie, zou ik daar een halfjaar gaan studeren. Ik was er klaar voor om een nieuwe cultuur te ontdekken, nieuwe mensen te ontmoeten en mijn horizon te verbreden. Maar een week voordat mijn avontuur zou beginnen, gooide mijn universiteit roet in het eten. De coronasituatie dwong hen de uitwisseling te annuleren, en ik was er kapot van.

Mijn motivatie om te studeren daalde scherp, en ik voelde me ontmoedigd. Studievertraging volgde, en mijn studentenleven werd een verre herinnering. Maar toen begon ik mijn fiets te gebruiken om te ontsnappen aan de verstikkende realiteit van Zoomlessen en online meetings.

Geen drukke sociale bijeenkomsten, geen avonden en zaterdagen als vrijwilliger bij de voetbalvereniging. Het was een tijd zonder verplichtingen; een periode van zelfontdekking waarin ik Nederland en Europa op twee wielen doorkruiste. Soms stak ik zelfs op ongewone manieren de grens over, wetende dat ik vanuit mijn bivakzak het virus nauwelijks kon verspreiden.

Deze tumultueuze periode leerde me dat zelfs in de donkerste tijden, de vrijheid van de open weg en het zachte suizen van de wind langs mijn oren me een gevoel van bevrijding en ontsnapping boden. Slovenië, met zijn onvervulde belofte, werd een symbool van veerkracht, terwijl mijn fiets me naar hernieuwde hoop leidde.

Met die gedachten in mijn achterhoofd steek ik de grens over. Het land verwelkomt me met een bedrijvige scène. Het fietspad is druk met families, vriendengroepen en ouderen. Er zijn ook wielrenners in navolging van de Sloveense topwielrenners Pogacar en Roglic, mijn 'soort' mensen. Even waan ik me in Nederland, maar als ik mijn blik opsla, onthult zich een uniek Sloveens landschap. Aan weerszijden van het pad rijzen machtige bergen op. In de winter gehuld in sneeuwmantels voor skiërs, maar nu, in de zomer, een paradijs voor buitensportliefhebbers, klaar om te wandelen, te fietsen, en avontuur te omarmen. De natuur is een veelzijdig doek, met elke seizoensverandering een nieuwe penseelstreek.

Het fietspad glijdt onder me door met een lichte helling naar beneden. De kilometers asfalt verdwijnen snel onder de draaiende wielen. Dankzij mijn vroege start en het achterlaten van de machtige Alpen, waarbij de temperatuur hier beduidend hoger is, lijkt het tijdens mijn korte stop in Jesenice alsof de middag al in volle gang is. In werkelijkheid is het nog maar half 11. Bij deze eerste stop in Slovenië verrast mijn onvermogen om de teksten in de supermarkt te ontcijferen me. Frans, Italiaans, Duits kan ik lezend wel begrijpen, maar het Sloveens blijft een mysterieus schrift. Mijn pogingen om belegde broodjes af te rekenen, worden een gevecht met een onbekende taal.

Een vriendelijke man helpt me bij de zelfscan. 'Ben jij een deelnemer aan de Transcontinental?' vraagt hij en loodst me door de opties. Nadat ik heb afgerekend, kijkt een supermarktmedewerkster me glimlachend aan. Haar vriendelijke ogen verraden dat ze onze uitwisseling heeft opgevangen. Met een oprecht gebaar van warmte wenst ze me succes met mijn race. Hier in de supermarkt wordt duidelijk: dit land is doordrongen van liefde voor sport en buiten zijn. Ook de Transcontinental Race heeft hier zijn stempel gedrukt. Mijn positieve beeld van dit land wordt versterkt, en ik kijk uit naar wat de middag brengt.

Een uur later moet ik noodgedwongen van mijn fiets. Een onverwachte prikkeling op mijn rug, gevolgd door een scherpe pijnscheut, onthult een wespensteek door mijn dunne wielershirt. De pijn tintelt nog steeds en mijn hoofd duizelt. Ik zit aan de schaduwzijde van een huis, terwijl een gevoel van malaise mijn lichaam doortrekt. Onvoorbereid heb ik niets om de pijn te verzachten. In zulke momenten werkt een koud blikje cola als een wondermiddel. Normaal mijd ik pijnstillers en cafeïne, omdat ik wil ervaren wat mijn lichaam mij vertelt. Voel ik vermoeidheid? Dan rust ik. Voel ik pijn? Dan onderzoek ik de bron en streef naar genezing. Deze reis is te lang en intens om slechts symptomen aan te pakken. Dat zou leiden tot onhoudbaar ongemak en grotere problemen.

Op dit moment lijkt het koude blikje cola een magisch elixer. Terwijl ik het tussen mijn vingers laat draaien en slokjes neem, vervaagt het ellendige gevoel beetje bij beetje, als een schaduw die wordt verdreven door het licht van de zon. Na twintig minuten besluit ik dat het genoeg is. De roep van de weg klinkt weer luid en duidelijk. Met een zwiep van mijn been over het zadel voel ik de welbekende weerstand van de pedalen onder mijn voeten.

Terwijl de kilometers onder mijn wielen verdwijnen, herinner ik me de parallel tussen deze rit en het eigenaardige spel van het leven. Elke hobbel, wending en onverwachte hindernis weerspiegelt de grillige weg die we in ons dagelijks bestaan bewandelen.

Deze kilometers zijn een metafoor voor de eindeloze reeks gebeurtenissen, keuzes en uitdagingen in het leven. Net zoals ik de weg neem zoals die komt, moeten we ook in het leven omgaan met wat op ons pad komt. Soms gaat het soepel en vlot, alles lijkt in harmonie. Op andere momenten voelt het als een opwaartse strijd, elke stap een gevecht tegen tegenslag. Maar hoe hobbelig of vlak de weg ook is, het feit dat ik doorga en blijf trappen, weerspiegelt de veerkracht en vastberadenheid die we nodig hebben om het leven met al zijn verrassingen tegemoet te treden.

De wespensteek herinnert me eraan dat we soms moeten stoppen en pauzeren om pijn en uitdagingen te verlichten. Maar uiteindelijk moeten we altijd weer verdergaan, hoe moeilijk het ook kan zijn. Net zoals ik na mijn korte pauze weer op mijn fiets stapte, moeten we onszelf na elke tegenslag weer op de been krijgen en de horizon tegemoet gaan. Elke trap op de pedalen is een stap in het leven, een herinnering aan de parallel tussen deze rit en het onvoorspelbare, maar betekenisvolle spel van het menselijk bestaan.

Ik vervolg mijn tocht in een rustig tempo over de slingerende wegen van Slovenië. Mijn snelheid is niet hoog, maar het constante ritme brengt me vooruit en de noodzaak om te stoppen is verdwenen. Na drie uur en een klim bereik ik het tweede checkpoint. Dit fungeert ook als een peiling van mijn positie in de race. Waar ik bij het eerste checkpoint als 65e arriveerde, ben ik nu opgeklommen naar de 43e plaats. Het is bijna ongelooflijk, vooral als ik zie welke andere renners kort na mij binnenkomen en hoe behendig zij de hellingen bedwingen.

Tot de wespensteek had ik nog geen echte uitdaging moeten trotseren. Ik verwachtte hoogte- en dieptepunten, een emotionele rollercoaster zoals voorspeld, maar tot nu toe is daar weinig van te merken geweest. Na 4 dagen, 16 uur en 31 minuten sta ik in mijn droomland Slovenië en laat ik de Alpen achter me. De progressie is opvallend goed. Te goed, begin ik te denken. Het lijkt bijna te soepel te gaan. Dit kan toch niet zo voortduren, bekruipt me de gedachte.

Het gevoel beknaagt me als een scherpe steen in mijn schoen die ik niet kan negeren. Ik sta nu tussen renners die ik alleen van internet ken en in mijn verbeelding hoger inschat dan mezelf. Het voelt bijna onverdiend, als een vorm van bedrog. Alsof ik me voordoe als iemand die ik niet ben. Het imposter syndroom krijgt me in zijn greep.

Het imposter syndroom is als een psychologisch spook dat mensen achtervolgt. Het zaait twijfel over hun vaardigheden, talenten en prestaties en creëert een aanhoudende angst om als bedriegers ontmaskerd te worden. Zelfs met overtuigend bewijs van hun competentie, kunnen degenen die dit fenomeen ervaren niet geloven dat ze hun succes of geluk verdienen.

Dit gevoel manifesteert zich als een innerlijke dialoog waarin de stemmen van zelftwijfel en zelfkritiek als onwelkome gasten aanwezig zijn. Ze fluisteren dat ik mijn positie niet verdien, dat ik mezelf voor de gek houd en dat het slechts een kwestie van tijd is voordat iemand me doorziet. Mijn prestaties worden in hun schaduw geplaatst en elke glimp van succes wordt als tijdelijk en toevallig beschouwd.

Precies dat gevoel omhelst me hier, in Zgornje Jezersko, een dorpje in de Sloveense bergen. Na het tweede checkpoint wacht een nieuw verplicht parcours op me. Het begint met een vriendelijke klim, maar verandert na een korte afdaling in een angstaanjagend steile beklimming. Bij elke bocht hoop ik de top te zien, maar ik word telkens teleurgesteld. Voor het eerst tijdens deze race moet ik van mijn fiets stappen. De stijgingspercentages schieten de dubbele cijfers in en mijn benen weigeren de kracht op de pedalen te zetten. Het voelt vreemd geruststellend om naast mijn fiets omhoog te lopen. De realiteit lijkt te matchen met mijn innerlijke gevoel: 'Ik behoor niet op deze plek in de race, de anderen zijn beter en tot nu toe heb ik hen allemaal voor de gek kunnen houden.'

Op die klim passeren andere deelnemers me daadwerkelijk. Een van hen is Jason, die de helling trotseert alsof hij dagelijks aan zulke steiltes gewend is. Ik ken Jason van mijn club, BEAT Cycling, een diverse gemeenschap van beginners tot profs. We hebben samen een foto genomen voor de race. Jason beweegt zich veel vlotter op de fiets dan ik. Na een kort gesprek moet ik hem laten gaan. Ik voel dat ik hem ophoud en dat wil ik niet.

Een uur later staar ik gedesillusioneerd voor me uit. In de buurtsuper van Solčava heb ik wat proviand, drinken en zelfs een ijsje ingeslagen. Nu zit ik hier, mijn rug tegen de bloembak naast de ingang. De afdaling naar deze plek heb ik ternauwernood overleefd. Hier, voor het eerst tijdens deze race, ben ik geconfronteerd met het beruchte gravel. De losse stenen op de steile helling naar beneden deden me herhaaldelijk glijden in de scherpe bochten. Mijn vingers zijn verkrampt van het constante remmen en de geur van smeulende remblokjes hangt nog in de lucht. Het lijkt alsof dit laatste stuk van het verplichte parcours alle energie uit mijn lichaam heeft gezogen. Voor het eerst voelt het alsof er niets meer over is.

Plotseling waait de plastic verpakking van mijn ijsje weg. Ik sta op en loop erachteraan om het te vangen. Net als ik mijn voet uitsteek om het te stoppen, waait het plastic verder de weg op. Het lijkt alsof een onzichtbare kracht me plaagt. Met een zucht zak ik neer op de grond. Voor het eerst in de race lijkt mijn lichaam zonder duidelijke aanleiding op te geven. Vanochtend was er de wespensteek als reden voor ongemak, maar nu is er alleen de opgebouwde vermoeidheid die als een zware deken over me heen valt. Het is nog niet eens avond. Gewoon, zomaar, midden op de dag.

Voor het eerst tijdens deze race denk ik aan mijn eindbestemming: Thessaloniki, en hoe ver dat nog is. Een gevoel van onmogelijkheid overvalt me. Hoe kan dit verzwakte, vermoeide lichaam ooit nog zo ver fietsen?

In momenten van voorspoed leef ik volledig in het heden, gefocust op wat zich vlak voor me ontvouwt. Ik ben bezig met korte-termijnkeuzes. Stop ik hier even, of stel ik dat uit? Is dit een geschikte supermarkt om eten te kopen? Navigeer ik tussen de auto's door naar het rode verkeerslicht, of wacht ik? Trek ik mijn regenjack aan bij naderende druppels, of laat ik het in mijn stuurtas?

Nu verloopt het niet zo voorspoedig en mijn gedachten worden overvallen door kritische vragen. Waarom begon ik deze race op banden van drie centimeter breed? Waarom rustte ik afgelopen nacht op die koude locatie en verspeelde mijn nachtrust? Hoe kon ik überhaupt denken dat ik klaar was voor deze race, gebaseerd op wat ervaring in een vlakke Nederlandse wedstrijd?

Wanneer deze vragen in mijn hoofd opkomen, weet ik dat ik het moeilijk heb. Een trucje helpt me altijd: een selfie maken van mijn beroerde hoofd. Vaak is er dan niets anders te doen dan lachen om de situatie waarin ik me bevind. Mijn telefoongalerij staat vol met zulke selfies, niet geschikt voor publicatie. Deze middag vergeet ik het helaas. Jammer, want het is altijd goed om op moeilijke momenten die selfies terug te zien en jezelf te herinneren aan de mentaal zwaarste momenten van het fietsen.

HET GAAT NOOIT ALLEEN MAAR SLECHTER

Deze ervaringen helpen om te beseffen dat het nooit alleen maar slechter wordt.

Ik neem een hap van mijn ijsje en voel een golf van misselijkheid. Ondanks de temperatuur van ruim boven de twintig graden, krijg ik kippenvel. Ik trek mijn beenwarmers aan en wikkel mijn regenjack om mijn lichaam. Terwijl ik mijn fiets zachtjes de aflopende weg laat afdalen, verliezen mijn benen hun kracht. Het voelt alsof ze uitgedroogd zijn en geen energie meer kunnen leveren.

In het volgende dorpje moet ik rechtsaf slaan, een uitdagende klim tegemoet die me uit de Sloveense bergen voert. Een blik op de online trackingpagina vertelt me genoeg: niemand kiest deze route, alle andere deelnemers verkiezen een oostelijkere variant. Aarzelend houd ik vast aan mijn plan. 'Een beetje eigenwijs zijn mag best,' fluister ik mezelf toe. Maar een andere stem in mijn hoofd betoogt dat het verstandiger is om de rest te volgen. Ik besluit de eerste stem hardop te laten spreken. In de groepsapp van mijn twee broers deel ik: 'Net het eerste fysieke en mentaal moeilijke moment gehad. Moest erop wachten tot dag 5, maar daar was 'ie dan. Eén blik op de kaart zegt me dat ik de komende week weinig anderen tegenkom. Altijd gaan voor plan A, en het maakt het makkelijk voor jullie om me te spotten op de kaart.' Dit kleine zetje geeft me genoeg kracht om de beklimming naar de top te voltooien.

Ik laat mijn fiets over de bergtop rollen. Mijn benen krijgen pauze, als een bevrijdende zucht na lang ingehouden adem. Mijn hele lijf snakt naar ontspanning. Het voelt als een eindeloze nacht, als een feest dat nooit stopt. Je wilt weg, maar omstandigheden houden je vast. Ik verlang naar rust, zoals een bed roept na een lange dag.

Bij het binnenrijden van Kamnik, het eerste stadje na de bergen, scan ik naar plekken om te schuilen. Het is ook tijd om serieus vooruit te plannen. Iedere dag van de race kent een gat tussen avond en ochtend, tussen sluitingstijd en openingstijd van voorzieningen. Mijn redder in nood is weer een Lidl, geopend tot negen uur. Het is half negen. Perfecte timing is mijn onverwachte bondgenoot.

Eenmaal naast de fiets voel ik pas echt hoe vermoeidheid als een loden last op mijn schouders drukt. Op de fiets gaat alles automatisch, als een ritme in mijn spieren. Energie lijkt niet nodig, alsof ik zweef. Maar naast de fiets verandert dit. Dan zie je hoe 'gewone' mensen door de supermarkt bewegen. Hier, in deze Lidl, voel ik me als een verdoofde geest. Ik dwaal doelloos tussen de gangpaden en gooi willekeurig iets in mijn mandje. Er is geen richting, geen energie om weloverwogen beslissingen te nemen.

In een van mijn dwaaltochten door de gangpaden bots ik bijna tegen Marei op. Blijkbaar was ik niet de enige deelnemer die deze route koos. Blijkbaar was ik niet de enige die deze laatste Lidl als voorraadpunt nodig had voor de duisternis valt. Blijkbaar zit ik midden in een fietswedstrijd. Dan verschuift er iets in mijn binnenste. Ja, ik ben tot op het bot vermoeid. Ja, ik kan alleen maar denken aan slapen en eten. Ja, Griekenland lijkt verder weg dan ooit. Maar ik ben nu in een race. En ik ben al ver in Slovenië, na vijf dagen op de fiets. En ik ben niet alleen in de waanzin van deze uitdaging. Dus nu moet ik mezelf pushen. De paar woorden die Marei en ik uitwisselen zijn als vonken die mijn smeulende motivatie aanwakkeren. Mijn benen zijn niet minder zwaar, maar mijn geest is weer ontwaakt.

Nadat ik de supermarkt verlaat, neemt de duisternis snel bezit van de omgeving. In de verte flikkert een rood lampje. Het is Marei, die later dan ik bij de supermarkt aankwam maar eerder vertrok. Twee keer kruisen onze paden elkaar, hoewel we verschillende wegen kiezen. Dan buigt zij af naar het oosten, richting Bosnië en Herzegovina. Ondertussen ga ik naar de kust van de Adriatische Zee. Nu ben ik voor het eerst in deze race écht alleen. Geen achtervolgers, geen mensen om achterna te zitten.

Na twee uur fietsen in het duister besluit ik 'vroeg' te stoppen voor wat slaap. Mijn rug protesteert luid, terwijl pijn vanuit mijn nek zich verspreidt. De tas met eten op mijn rug helpt niet. Op een eindeloze tweebaansweg die omhoog loopt, is het lastig om een geschikte slaapplek te vinden in de pikzwarte nacht. Auto's razen met hoge snelheid voorbij. Mijn fiets is bedekt met reflecterende tape, en ik zet een extra achterlamp aan voor de zekerheid. Het is niet de ideale weg voor het zoeken naar een slaapplek. Na enige tijd kan ik deze gevaarlijke weg verlaten en een dorpje in fietsen. Op Google Maps zie ik dat er een speeltuin is. Precies wat ik nodig heb. Onder de glijbaan vind ik de perfecte plek voor mijn eerste goede nachtrust in deze race. In tegenstelling tot de voorgaande nachten, besluit ik mijn natte fietskleding te verruilen voor een droog ondershirt voordat ik in mijn slaapzak kruip. De wekker zet ik op 6 uur. Om middernacht val ik in slaap. Dit zal mijn eerste nacht zijn met meer dan zes uur slaap.

Een Sloveens kerkje in de bergen

DAG 6 – WAARDE VAN CONTRASTEN

Bij het openen van mijn ogen en het wegnemen van mijn slaapmasker, wordt mijn blik gevangen door de heldere ochtendzon die de wereld in een warm licht hult. Een vogel in de boom naast de speeltuin begroet de dag met een vrolijke melodie. De duisternis van de nacht drukt zwaar op de gemoedstoestand, maar met de komst van het ochtendgloren verandert alles. Het licht brengt perspectief, en vandaag is geen uitzondering.

Terwijl ik mijn nek strek en de laatste restjes slaap uit mijn lichaam schud, voelt mijn houding weer vertrouwd. Het lijkt erop dat ik de ellende van gistermiddag achter me heb gelaten. Met die overtuiging en een opgewekte stemming begin ik aan een nieuwe dag. Ik rijd het dorpje uit, terug naar de gevaarlijke, doorgaande weg waar ik gisteravond gebleven was.

Maar nu, in het heldere daglicht, krijgt die weg een andere uitstraling. Het asfalt strekt zich voor me uit als een uitnodigende loper, met schilderachtige vergezichten aan weerszijden. Auto's passeren af en toe met een zachte zoem. Een automobilist claxonneert. Enigszins verschrikt kijk ik op. 'Mag ik hier niet fietsen?' schiet door mijn hoofd. Het blijkt een aanmoediging te zijn. Een vrolijk lachende man steekt zijn duim omhoog. Hier, in Slovenië, wordt fietsen omarmd als een levensstijl.

Na anderhalf uur fietsen voel ik de eerste prikkels van honger en dorst. De Lidl is nog gesloten, maar dat deert me niet, want direct erna zit een tankstation. Ze verkopen heerlijke broodjes. Met mijn handen vol eten stap ik in de rij voor de kassa. Ik mag voor de anderen in de rij, een gebaar van vriendelijkheid dat me met een glimlach vervult. Hier in Slovenië lijkt iedereen hetzelfde ritme te volgen: vriendelijk en gastvrij.

Binnen enkele minuten ben ik weer op weg, de weg die nu vertrouwder aanvoelt dan ooit. De zon straalt hoog aan de hemel en ik voel me levendig en vrij. Slovenië heeft me omarmd met zijn schoonheid en warmte. Met een lach op mijn gezicht zet ik mijn tocht voort richting het zuiden. Na een fijne afdaling bereik ik de brug over de rivier de Kolpa, of de Kupa zoals deze in Kroatië heet. Het is de grens tussen Slovenië en Kroatië die ik nu over fiets.

Mijn avontuur in Kroatië start met een klim die me meteen in de juiste stemming brengt. Een uur lang trap ik omhoog, mijn gedachten wervelen als losse bladeren in de wind. De zon begint te branden, haar warmte als een omhelzing van het Balkanlandschap. Al snel wordt duidelijk: de hitte is hier thuis.

Bovenop de top voel ik me triomfantelijk. Een ijsje is mijn beloning, maar mijn besluit staat vast: na de langere nacht moeten mijn pauzes nog korter zijn. Een tankstationbezoek is routine: broodjes, water, frisdrank. Onder de Kroatische zon komt daar nu ijs bij: één ijsje voor in mijn bidon en één voor in mijn hand.

De afdaling na het tankstation is een onverwachte wending in mijn route. De weg loopt plots steil omlaag. Met een hand aan het stuur en in de andere hand een ijsje raas ik naar beneden. De snelheid geeft een adrenalinekick. Een deel van het ijsje waait tegen mijn shirt en spetters ijs komen in mijn gezicht. Terwijl de zoete klodders zich aan mijn kleding hechten, lach ik. In deze tocht vol uitdagingen en schoonheid geven juist deze kleine ongemakken het verhaal kleur.

Ik vervolg mijn weg in een groot natuurgebied. De weg wordt smaller en de internetverbinding valt weg. Voor het eerst in deze race ben ik op klaarlichte dag echt alleen. Geen huizen, geen auto's, geen wandelaars en geen fietsers. Geen mensen. Dieren zijn er wel.

Hier, op dit kruispunt tussen mens en natuur, wordt mijn geest meegesleurd in een stroom van gedachten. Hoe reflecteert de puurheid van deze dieren de complexiteit van het menselijk denken? Hier, waar ruige ongereptheid en onophoudelijke gedachten samenkomen, bevind ik mezelf op het snijpunt van overpeinzing en verwondering. De aarde en de geest raken verstrengeld, en te midden van deze wildernis spreiden mijn gedachten zich uit als boomwortels die zich vastklampen aan de aarde.

Ik werp een blik op mijn horloge. Het is zaterdagochtend; meestal sta ik dan als scheidsrechter op het voetbalveld in Berkenwoude, tussen de weilanden. Maar hier, na nauwelijks een week van trappen, ben ik in een totaal andere wereld. Hoe ironisch dat een week in het alledaagse leven vaak voorbij vliegt zonder tastbare herinneringen, de tijd onmerkbaar voortbewegend als een zuchtje wind. Maar nu, te midden van dit avontuur, lijkt de tijd juist te vliegen doordat de herinneringen zich voortdurend opstapelen.

Zowel het alledaagse als het avontuurlijke hebben hun eigen waarde. Zonder normale dagen zou het avontuur niet zo zoet zijn. Het zijn als puzzelstukjes die samen het hele plaatje vormen, de saaie en spannende momenten samen. Voor een doorsnee gezin is een verre reis naar een ander continent een sprong in het onbekende. Voor iemand die altijd de wereld over vliegt en in de schijnwerpers staat, zoals een rijke en bekende voetballer, zou een eenvoudige kampeervakantie zonder camera's een verademing zijn.

Hier, terwijl ik door het landschap fiets en de afwisseling tussen het gewone en het buitengewone in me opneem, realiseer ik me dat ze elkaar nodig hebben, zoals dag en nacht elkaar in evenwicht houden. Deze contrasten geven ons leven kleur.

Na een tijd klimmen kom ik op een Kroatische hoogvlakte. Aan de horizon doemt de zee op, een azuurblauwe uitgestrektheid die glinstert in het zonlicht. Het is de eerste keer dat ik de zee tegenkom op deze tocht, een moment van pure verwondering. Terwijl de meeste renners zich een weg banen door de dichte bossen en bergen van de Balkan, word ik als Nederlander onvermijdelijk naar de zee getrokken.

De zee is niet het enige die me mijn Nederlandse identiteit doet voelen. Voor me ligt een uitgestrekt pad, zo vlak als de horizon zelf. Na zoveel dagen van klimmen en dalen is dit een welkome afwisseling. Ik herinner me de eerste dag, de vlakke stukken langs het kanaal in Frankrijk, en het gevoel van vrijheid dat ze me gaven. Nu, met de zee aan mijn zijde en de wind die speels met mijn fiets speelt, voel ik een gevoel van herkenning. Het is alsof ik niet alleen thuis ben op mijn fiets, maar ook in deze wereld, op deze weg.

De weg onder mij vliegt voorbij, elke meter soepeler dan de vorige. 'Dit gaat té goed,' flitst er door mijn hoofd. Ik heb mezelf geleerd om te geloven dat er na regen zonneschijn komt, wat me kracht geeft om door te gaan. Maar het werkt ook andersom: terwijl ik door een vredig landschap glijd, de avondzon warm op mijn rug voelend en de wereld onder mijn wielen perfect lijkt, besef ik dat dit niet eeuwig zo zal blijven. Dat er schaduwmomenten op de loer liggen. Juist op deze momenten van euforie herinner ik mezelf eraan dat de wind kan draaien. Letterlijk en figuurlijk. Het balanceert me, verlaagt de pieken en verhoogt de dalen van mijn emoties.

Dit mechanisme werkt beschermend voor mij. Want ik bereid me voor op uitdagingen, het onbekende, het onvermijdelijke. Als je weet dat er strubbelingen zullen komen, zelfs als ze onzichtbaar zijn aan de horizon, dan ben je gewapend wanneer ze je overvallen.

'Ah, daar is de tegenslag,' denk ik dan, 'ik zag het al aankomen.' Het verwachten van het onverwachte maakt het draaglijker. Het is geen donderslag bij heldere hemel, maar een aankomende wolk die ik zag verschijnen. Dat besef, dat accepteren, helpt me kalm te blijven. Het is een deel van de reis, een deel van mij.

Elke avond heb ik een ritueel: ik neem een filmpje van zestig seconden op en plaats het direct op Instagram. Ze worden massaal bekeken, en de reacties en aanmoedigingen stromen binnen. Ik reageer misschien niet op iedereen, maar ik absorbeer elke boodschap. Deze avond in Kroatië straal ik van enthousiasme terwijl ik vertel over de voorspoed van de dag.

Maar slechts een uur later, terwijl de nacht zich over Kroatië uitstrekt en een volle maan de hemel domineert, slaat een onverwachte schaduw toe. Vermoeidheid kruipt in mijn spieren, botten en vezels. Ik fiets door een desolaat landschap, zonder zicht op een plek om te rusten. Ik weet dat dit moment zal komen - het verwachte onverwachte - maar de afstand tot een veilige plek is nog ver. De volgende stad is nog ruim vijftig kilometer fietsen. Bijna zichtbaar maar onbereikbaar. Pijn schiet door mijn knieën, eerst links, dan rechts, gevolgd door een stekende pijn in mijn achillespees.

Ik stop. Al zes dagen heeft elke pauze een doel, elke seconde van stilstand telt. Maar nu? Ik sta daar, starend naar het niets, omringd door een diepe stilte waarin mijn eigen hartslag het enige geluid is. 'Ben ik ooit zo alleen geweest?' De vraag echoot in mijn hoofd.

Dan, abrupt, doorbreekt het licht van koplampen de donkerte. Een brullende truck dendert langs, de windvlaag raakt me zo krachtig dat het bijna fysiek pijn doet. 'Hoe fragiel zijn we eigenlijk?' denk ik, terwijl het geluid van de truck vervaagt. De confrontatie met deze metalen reus schudt me wakker. De pijn blijft, maar stilstaan is geen optie. Vooruit, dat is mijn weg. De vijftig kilometer naar de bewoonde wereld horen bij de moeilijkste fietskilometers uit mijn leven.

Met veel moeite bereik ik de plaats Knin. De straten zijn een wervelwind van geluid en beweging. Het is zaterdagavond, en het stadje bruist van leven. Cafés en restaurants zijn vol activiteit. Jongeren, sommigen duidelijk al te vrolijk, slingeren over de geplaveide straatjes, hun lach echoënd door de nacht, vermengd met muziek uit de kroegen. Tussen al deze uitbundigheid voel ik me als een vreemde eend in de bijt, een vermoeide ziel op een stalen ros.

Vanaf een terras roept een groep uitgelaten jongeren me toe. Hun woorden, in een taal die ik niet begrijp, gaan verloren in de nachtlucht, maar hun speelse energie is besmettelijk. Hun vrolijkheid biedt een moment van afleiding van mijn vermoeide ledematen en het constante zoemen van mijn fietswielen.

De zoektocht naar rust wordt urgenter. Google Maps wijst op een atletiekbaan aan de rand van het stadje, maar deze is verlicht en er lopen mensen rond. Geen optie. Iets verderop zie ik een tennisveld. De ideale plek. Naast een dichte heg zet ik mijn fiets neer en rol mijn bivakzak uit. De zachte grond voelt als een luxe bed na een zware avond. Maar de nacht heeft nog een laatste verrassing. Vanuit het niets begint krachtige muziek te spelen, vermoedelijk van een feest in de buurt. De geluiden van vrolijkheid, gecombineerd met het schelle geluid van een auto die donuts draait op het nabijgelegen kruispunt, zouden normaal iemand wakker houden. Maar voor mij, overmand door vermoeidheid, dient het als een onverwacht slaapliedje. Binnen enkele momenten glijd ik weg in de zoete vergetelheid van de slaap.

DAG 7 – REALITEIT VAN ANGST

Het is licht als ik ontwaak naast het tennisveld. Voor de tweede nacht op rij slaap ik diep, ruim zes uur lang. Mijn lichaam snakt ernaar. Een intense honger meldt zich bij mijn ontwaken. Snel wurm ik me uit mijn bivakzak en graai naar mijn proviand. Een rugzak vol zoete broodjes ligt voor het grijpen, maar als ik hem optil, laat ik hem meteen weer vallen. Mieren. Overal. Ze hebben mijn voorraad ontdekt. De teleurstelling voel ik diep in mijn buik.

Ik vind nog een gesmolten en herstolde Snickers in mijn frametas. Hoewel ik geïrriteerd ben, peuzel ik hem dankbaar op. Ik heb geen idee waar ik op deze vroege zondagochtend eten zal vinden en bereid me voor op een magere start van de dag.

Plots hoor ik stemmen vlakbij. Een vuilniswagen rijdt aan de andere kant van mijn beschuttende heg. Blijkbaar is dit hun centrale verzamelplaats. Ik ruim snel mijn slaapspullen op en stap de openheid in. De blikken van de vuilnismannen zijn onbetaalbaar en ik kan mijn grijns niet onderdrukken.

Voordat ik Knin achter me laat, wordt mijn ochtend opgefleurd. Het plaatselijke tankstation is open en biedt de redding: 7-Days croissantjes. Deze in plastic gewikkelde lekkernijen met vullingen van jam, chocola of zoete crème zijn een fenomeen in deze race. Elke deelnemer kent ze. Ze overleven de zon, bieden een mix van zoet en hartig, zijn licht en goedkoop. En vooral: bijna overal te vinden. Ik hamster een voorraadje, wetende dat de zondag nog verrassingen kan brengen qua open winkels.

Terwijl de Kroatische zon aan de hemel klimt en het landschap langzaam verwarmt, voel ik de temperatuur stijgen, wat de wereld om me heen tot leven brengt. Net wanneer mijn gedachten afdwalen naar de kilometers die nog voor me liggen, verschijnt er plotseling een schildpad voor mijn wielen die op zijn gemak de weg oversteekt. Hoewel onze snelheden verschillen, herken ik in dit dier een verwante geest. Hij gaat misschien niet snel, maar er is een zichtbare vastberadenheid in zijn bewegingen, een drang naar avontuur. Het herinnert me aan mijn eigen reislust en doorzettingsvermogen. In dat korte moment voel ik een onverwachte band met de schildpad, alsof we, ondanks onze verschillen, dezelfde levenshouding delen: een passie voor het onbekende en de wil om verder te gaan dan onze comfortzones.

In elk gehucht dat ik doorkruis, treft een warme gezelligheid me. Met de ochtendzon verzamelen groepjes mensen zich op terrassen. Ze lijken de tijd te vergeten, op te gaan in het eenvoudige genot van elkaars gezelschap. Hier, in deze uithoeken, voelt het alsof de wereld even pauzeert en ik, de stille waarnemer, glijd er rustig doorheen.

Het valt me op hoe voetbal hier de harten heeft veroverd. De trots van een klein land dat zich tot de groten van het voetbalwereldtoneel heeft opgewerkt, is bijna voelbaar in de lucht. Ze haalden de WK-finale in 2018 en werden derde in 2022. Maar hun passie is niet alleen zichtbaar op het wereldtoneel. Elk bushokje dat ik tegenkom, is versierd met prachtige graffiti die de liefde voor de lokale voetbalclub Hajduk Split uitdrukt. Terwijl Slovenië in het teken staat van wielrennen, heerst in Kroatië een ongebreidelde liefde voor voetbal. Terwijl ik hierover nadenk, besef ik hoe elk land zijn eigen hartslag, passies en trots heeft. En ik mag als reiziger deel zijn van hun ritme.

Na urenlang trappen en onder de hoogstaande zon, zie ik in de verte een bekend en verwelkomend logo: de Lidl. Gelukkig is de winkel open. Bijna instinctief stuur ik mijn fiets naar de ingang. De koele lucht uit de automatische schuifdeuren slaat me tegemoet, een welkome afkoeling van de hitte buiten. Ik sla alles in wat mijn vermoeide lichaam en geest nodig kunnen hebben: eten en drinken. Alles om mij in beweging te houden.

Maar dan ontdek ik iets verontrustends. Mijn powerbank, die normaal koud en metaalachtig aanvoelt, is opvallend warm. En leeg. De vochtige lucht van de nacht heeft blijkbaar mijn elektronica verstoord. Mijn telefoon, hongerig naar stroom, heeft alles verbruikt wat de powerbank te bieden had.

Kleine problemen op de weg kunnen als grote obstakels voelen, en dit is er zo een. In een steeds digitaler wordende wereld is mijn telefoon bijna mijn levenslijn. Het is mijn kompas, weerstation, encyclopedie en gids. Wat wordt de volgende zet? Waar kan ik schuilen? Waar vul ik mijn maag? Waar rust mijn hoofd straks? En ja, tijdens die ellenlange uren op het zadel is het ook mijn gezelschap, een venster naar buiten, ver buiten mijn directe bubbel. Het biedt niet alleen noodzakelijke updates en weersvoorspellingen, maar ook woorden van aanmoediging, gedeelde lachen en herinneringen die ik onderweg vastleg.

Dus nu, tegen elke drang om door te gaan in, moet ik op zoek naar een stopcontact. Voor een stop en het contact. Een woord dat nu plots een dubbele betekenis krijgt. Terwijl ik het vooruitzicht van die onvermijdelijke pauze overdenk, voel ik een knagende teleurstelling. Maar soms moet je toegeven aan de realiteit, hoe klein ook. Even stoppen, even opladen. En dan weer verder.

De weg roept me verder naar een onbekende horizon. Bosnië en Herzegovina wacht, het eerste land buiten het vertrouwde Schengengebied. De grens nadert, een grauw gebouw doemt op uit de gloed van de middagzon. Ik stop bij de grenspost. Een arm, geïsoleerd van het lichaam, strekt zich uit. Het gezicht, verborgen achter reflecterend glas, is onzichtbaar. Voor het eerst in een week fietsen kijk ik in de spiegel, recht in mijn vermoeide ogen. Wat een rauwe verrassing. Is dat de schaduw van uitputting? Of herken ik daar de fonkeling van vastberadenheid? Er kijkt een ziel met een missie terug.

Mijn paspoort glijdt terug in mijn hand. 'Thank you,' murmelt mijn stem, meer een stille conversatie met mijn weerspiegelde zelf dan een bedankje voor de ongeziene douaneambtenaar. Een stille knipoog naar dat deel van mij dat, tegen alle verwachtingen in, de grenzen van het bekende durft te overschrijden. Herzegovina strekt zich voor me uit. Niet Bosnië, ondanks de gangbare benaming. Ik betreed de geografische tweedeling van Bosnië en Herzegovina vanuit het zuiden, Herzegovina dus.

Maar dan raak ik in de war. Overal na de grens die Bosnië zou moeten vertegenwoordigen, wapperen slechts Kroatische vlaggen. Ze kleuren huizen, voetbalvelden, scholen en officiële gebouwen. Een tapijt van rood-wit. Ben ik wel echt een andere wereld binnengereden? Het is een abrupte en heldere introductie in de wirwar van politieke draden die het Balkanschiereiland omhult.

Na ruim een uur fietsen door de verwarrende situatie in Bosnië, krijg ik voor het eerst sinds lange tijd weer gezelschap. Mijn telefoon staat nog steeds uit in afwachting van een openbaar stopcontact. Het is mede-deelnemer Christian uit Zweden. Hij, net als ik, heeft zijn eigen unieke route door Kroatië gekozen, en de opluchting in zijn ogen verraadt dat hij het gezelschap net zo miste. Ironisch genoeg had hij me eerder deze dag al opgemerkt, verborgen in de schaduw van een boom, zoekend naar verkoeling in deze meedogenloze zon.

En dan zie ik het: een tankstation met een stopcontact aan de buitenmuur. De redding is nabij! Direct stuur ik mijn fiets naar rechts, de inrit op. Christian volgt mijn voorbeeld. Terwijl mijn powerbank gretig energie opneemt, haast ik me naar binnen en neem alles wat koud en suikerrijk is van de schappen. Buiten zak ik met een verzadigde zucht tegen de koele muur.

Ik laat me zakken tegen de buitenmuur van het station, genietend van de koele ruwe textuur tegen mijn bezwete rug. De zachte geluiden van gesprekken en benzinepompen echoën om me heen. Dan hoor ik het diepere gerommel van motoren en het geklik van laarzen. Motorrijders. Ze komen dichterbij.

Een van hen steekt een met olie besmeurde hand uit, vragend om gereedschap. Hoewel mijn bescheiden multitool tekortschiet, vinden ze een andere manier om de tegenslag te overwinnen. Hun gezichten stralen warmte uit, doordrenkt met verhalen van de weg. We delen verhalen, lachen en vergelijken. De motorrijders verbazen zich over mijn dagelijkse kilometers, terwijl ik me nauwelijks kan voorstellen hoe het is om in de brandende hitte een leren jas te dragen. Ondanks onze verschillen - de snelheid, het geluid, het gevoel van de weg - delen we een gemeenschappelijke liefde voor avontuur. Een dag beginnen zonder te weten waar deze eindigt.

Ik zie Christian en de motorrijders verdwijnen. Ze worden vlekken tegen de horizon, deel van een dag die nog jong is maar al zoveel heeft gegeven. De weg dicteert het tempo, elke bocht, elke klim, elke afdaling. En hier zit ik, gevangen tussen de wens van het nu en de roep van de verte.

Dichtbij, op het grasveld naast een terras, nodigt een picknicktafel me uit. Het verweerde tafelblad voelt koel, zelfs in de drukkende middaghitte. Hier ben ik, uitgestrekt op een picknicktafel, slechts enkele meters van een levendig terras. Mensen genieten van hun maaltijd, lachen en delen verhalen, verzonken in hun eigen wereld. Terwijl hun gelach zich vermengt met de zachte bries, schreeuwt alles in mij om door te gaan en de horizon tegemoet te racen. Maar een klein apparaat houdt me vast aan deze plek: een powerbank, ironisch genoeg van het merk Anker. Rust zou een keuze moeten zijn, een moment waarop de geest besluit zich los te maken van constante voortstuwing. Ondanks mijn gesloten oogleden zie ik mezelf nog steeds door glooiende velden en kronkelende wegen gaan. Hoewel mijn lichaam hier stil ligt, is de renner in mij nooit echt gestopt. Gedwongen rust is geen rust.

Eenmaal terug op de fiets schiet ik ervandoor. De langste pauze van de week heeft me ongeduldig gemaakt; ik wil iets goedmaken. Mijn verstand vertelt me dat het zinloos is. Je komt niet eerder op de plaats van bestemming door sneller te fietsen. Je komt er eerder door niet te stoppen.

Na een halfuur geef ik het op en vind ik mijn oude, vertrouwde, langzame ritme terug. Drie uur lang stop ik niet. Ik gooi mezelf in het verkeer, in de Bosnische spits, op de rotondes en tussen de brommers. Ik geniet van de hectiek en de kalmte die het met zich meebrengt. Het landschap om me heen verandert, net als de cultuur. Het Orthodoxe Kroatië maakt steeds meer plaats voor Islamitische minaretten van Bosnië.

De avond valt, en de gonzende geluiden van het dagelijkse leven vervagen. Daar rijd ik, alleen, een berggebied in, alsof de wereld stopt. Of beter: alsof een nieuwe wereld begint. De zon speelt verstoppertje achter een berg en neemt de hitte van de dag mee. Ik word begeleid door een rivier, zo blauw, alsof ze alle tinten blauw van de wereld heeft opgeslokt. Kleine strandjes liggen verstopt als juwelen naast haar oevers – een korte flirt met het paradijs. Maar deze plek is, zoals zoveel plekken op de Balkan, een plaats van contrast. Te midden van de betoverende schoonheid, prikt de rotzooi aan de kant van de weg in mijn ogen: blikjes, flessen, het wrange beeld van een achtergelaten bankstel en lege vaten olie. De natuur strekt zich in haar pracht uit, maar wij mensen laten een spoor van rommel achter.

'WELCOME TO REPUBLIC OF SRPSKA'. De woorden, groot en onverzettelijk, springen op me af vanuit een bord langs de weg. Verwarring overvalt me. Hier ben ik, fietsend in Bosnië en Herzegovina, terwijl tot nu toe Kroatische vlaggen wapperden. Maar hier, in de stilte van de bergen, kondigt een Servische Republiek zich aan. Het landschap om me heen ademt een desolate schoonheid, eenzaam en ontembaar.

Het wordt donker en ik bereid me voor op de intimiteit van de nacht. Verderop, waar de horizon de aarde kust, ontvouwt zich een schouwspel dat zowel verontrustend als betoverend is. De bergen, donker en dreigend, vormen een silhouet tegen de woeste lichtshow van het naderende onweer. Mijn pogingen om dit moment vast te leggen met mijn telefoon mislukken, maar misschien is dat maar goed ook. Ik parkeer de fiets, laat mijn lichaam rusten en mijn zintuigen het spektakel absorberen. Het gerommel van de donder, nog veraf, vertelt me dat ik op veilige afstand ben - meer dan 50 kilometer weg. Hier, in deze schijnbare stilte, voel ik me op een vreemde manier geborgen.

Na een snelle afdaling rol ik een donker dorpje binnen. De straatlantaarns branden niet, maar achter de ramen van de huizen flikkert leven, een zachte gloed die de nacht trotseert. En dan: een tankstation, met daarnaast een 'mini market'. Open, tegen alle verwachtingen in. Een verrassing, een onverwacht cadeau in deze leegte.

De deur piept zachtjes als ik binnenstap, een signaal voor de eigenaar om op te staan en mij te volgen. De man, die waarschijnlijk al uren wacht houdt, knikt mij toe. Mijn honger vertaalt zich in een bonte verzameling frisdrank en chips. Het ritueel van betalen speelt zich als een stille film af, met een rekenmachine als onze tolk. Mijn dankbaarheid hangt in de lucht, onbeantwoord, want de taalbarrière staat als een muur tussen ons in.

Buiten wacht een gezin - een vader, moeder en twee kinderen - duidelijk nieuwsgierig. De vader, de chauffeur van de enige auto die me in de afdaling inhaalde, zet in korte zinnen zijn fascinatie uiteen. 'Waarom? Waarom hier? Waarom nu, in het donker?' Het duurt even voordat mijn uitleg bij hem landt, maar zodra hij het concept van de non-stop race begrijpt, wil hij alles zien en weten. Routes, plannen, apparatuur. Zijn laatste vraag, over mijn leeftijd, laat zowel hem als zijn vrouw versteld staan. Ik zie verwondering, ongeloof, een sprankje bewondering. 'Je bent nog zo jong, maar you have some big balls,' zegt de man.

Hun volgeladen auto zegt veel over hun eigen verhaal. Maar deze korte uitwisseling, bij het licht van een TL-buis bij een tankstation in de Servische Republiek van Bosnië, laat me achter met een glimlach. Overal zijn vriendelijke zielen te vinden.

Terwijl de weg zich voor me uitstrekt, doemt de volgende ontmoeting plotseling op. Slechts een kilometer buiten het dorpje word ik midden op het asfalt tot stilstand gebracht. Voor me staat een man met een stopbord, zwaar getekende wenkbrauwen onder een stijve pet, een strak uniform over zijn brede borst, een onmiskenbare snor, en een wapenstok bungelend bij zijn hand. Naast hem, een tweede grenswacht met dezelfde ondoorgrondelijke blik.

De verwarring speelt opnieuw op. Hoe serieus wordt deze

uitgeroepen Republiek genomen? Een inspectie begint: zaklampen schijnen over mijn fiets, vingers wijzen, hoofden knikken. De stroom van Servische woorden is onbegrijpelijk. Mijn antwoord? Een onschuldige blik, hopend op begrip. Misschien willen ze mijn identiteitsbewijs? Ik waag de gok en geef hen mijn paspoort. Eén van hen neemt het mee naar een huisje. Ik voel een knoop in mijn maag. 'Wat als ze geld willen? Was dit een fout? Ben ik te naïef geweest?'

De spanning duurt niet lang. De man keert terug met mijn paspoort. 'Hollandija' is het enige woord dat ik begrijp. Ik waag een tweede gok - mag ik door? Zonder woorden gebruik ik mijn handen, wijzend voorwaarts, met vragende blikken. Er is geen antwoord, dus ik besluit gewoon te gaan. Een paar stappen klinken achter me, en een laatste blik over mijn schouder toont de agent die me nakijkt. Ik rijd door.

Terwijl ik afstand neem van de grenswachten, voel ik een mix van ongeloof, opluchting en plots wegvloeiende spanning. Een lach ontsnapt me om de absurditeit van het moment en een overweldigende nieuwsgierigheid blijft achter. Wat was dit voor bizarre situatie? Het voelt als een scène uit een slechte komedie. Dit deel van de wereld zit vol verrassingen.

De route heeft een nieuwe verrassing voor me: geen grenswachters, maar de harige bewoners van dit ruige landschap. Zwerfhonden. Voorafgaand aan de race was ik al uitgebreid geïnformeerd over deze dieren. In deze regio vormen ze een reëel gevaar. Een passerende fietser kan hun instinct activeren, wat leidt tot wilde achtervolgingen, luid geblaf en mogelijk een pijnlijke beet met risico op ziekten. Dit onderwerp was al dagen voor de start het gesprek van de dag, zowel online als offline. Blogs, artikelen en zelfs de organisatie waarschuwen voor deze viervoetige gevaren als ze dicht bij het parcours worden gesignaleerd.

Ik voel een mengeling van nieuwsgierigheid en spanning. Zijn deze verhalen echt zo extreem? Zijn de ontmoetingen echt zo angstaanjagend als beschreven? De lijst met tips ken ik uit mijn hoofd: van water sproeien tot dreigen met stenen. Toch waardeer ik één advies boven alles: kalm blijven, zelfverzekerd zijn en jezelf geleidelijk uit hun territorium verwijderen. Ik weet dat ik nooit sneller zal zijn dan een hond in volle sprint.

Nu komt de eerste echte test. Ik rijd een bocht om en daar zijn ze, verschijnend uit de duisternis. Grote en kleine honden stormen op me af, hun geblaf galmt als donderslagen tegen de bergen. Zonder aarzeling rem ik, stap af en spreek ze kalmerend toe. Tot mijn verbazing geven ze op en gaan weg. Een grijns verschijnt op mijn gezicht. Was dit het dan? Zelfs mijn eigen hond -de liefste die ik ken- heeft soms meer overtuigingskracht nodig om haar gedrag te veranderen.

Het wordt een ritueel. Elke keer dat honden blaffen, stop ik, spreek ik ze toe, en elke keer geven ze op. Soms kost het wat meer moeite, maar het werkt altijd. Ik begin er zelfs van te genieten. Hier ben ik dan, midden in de nacht, in de bergen van Bosnië, omringd door zogenaamd gevaarlijke zwerfhonden, maar ik voel me allesbehalve bedreigd. Sterker nog, als ik een tijdje geen roedel tegenkom, begin ik ze te missen. Ze zijn niet kwaadaardig, ze volgen gewoon hun instinct. Met de juiste aanpak is dat instinct makkelijk te sturen.

'Ben je nooit bang?' Het is een van de meestgestelde vragen die ik krijg voor, tijdens of na een avontuur. Het antwoord is ja, soms ben ik bang. Maar niet vaker of heviger dan in mijn dagelijkse bezigheden.

Angst, zoals men vaak zegt, is een slechte raadgever. Maar dat is te simpel. Er zijn momenten waarop angst zinloos is, zoals de nachten waarin ik in een bivakzak lig, omringd door natuurgeluiden, en de irrationele angst voor een dreigend dier of persoon opspeelt. Deze ongegronde angsten zijn gebaseerd op

HET GAAT NOOIT ALLEEN MAAR SLECHTER

fantasieën en vooroordelen, niet op echte ervaringen. Er is geen reden om te geloven dat deze angsten gerechtvaardigd zijn.

Maar er zijn momenten waarop angst een noodzakelijk alarm is. Een signaal om actie te ondernemen, veiligheid te zoeken, of een risico te heroverwegen. Ik ben me pijnlijk bewust van de tol die ultra-fietsraces kunnen eisen. We hebben tragische verliezen geleden in onze gemeenschap, zoals Mike Hall, de bedenker van de Transcontinental Race, die in 2017 verongelukte tijdens een ultra-race. Deze momenten brengen de realiteit naar voren: het risico van een aanrijding is constant aanwezig, ondanks mijn vele voorbereidingen en voorzorgsmaatregelen zoals extra lichten en reflecterende tape. Ironisch genoeg is het risico tijdens zo'n race niet veel groter dan bij een alledaags ritje naar de supermarkt. Het is de som van al die kilometers die het risico vergroot.

Als ik door de straten van een onbekend Europees dorp fiets of over een bergpas peddel, is angst niet op de voorgrond van mijn gedachten. Het is niet de vrees voor wilde dieren of een mysterieuze vreemdeling die op de loer ligt; die bedreigingen zijn statistisch gezien te verwaarlozen. Mijn echte angst is voor het onvoorspelbare gevaar: de auto die net die ene bocht te ruim neemt of de onoplettende bestuurder. Deze angst speelt vooral op als ik vooruitdenk of terugkijk, niet tijdens het fietsen zelf.

Ja, er zijn risico's verbonden aan de sport die ik zo liefheb. Maar ik kan die angst niet elke dag met me meedragen. Als ik dat zou doen, zou ik verlamd raken door die angst. En dan zou angst inderdaad een slechte raadgever worden.

Het is al ruim na middernacht wanneer ik de bewoonde wereld weer binnenfiets. Ik kom aan in Bileca, dicht bij de grens met Montenegro. Verder fietsen heeft geen zin, want de grens is 's nachts gesloten. Een eenzaam tankstation werpt een eiland van licht in de duisternis. De verleiding van 7-Days croissantjes roept me. De plaatselijke dronken jeugd drentelt in en uit het tankstation. In deze uithoek fungeert het tankstation als hun stamkroeg.

Verderop lonkt de stilte van een stadspark. Het beton van een oud speeltoestel belooft bescherming tegen de vochtige aardbodem. Onder een bladerdek bereid ik me voor op tijdelijke rust. Ik rol mijn bivakzak uit en blaas mijn luchtbed op.

Maar de rust blijft uit. Gegiechel en gelach kruisen mijn pad. Dezelfde dronken gezichten van het tankstation zijn nu ook in dit park. Hun wereld en de mijne raken even verweven. Ik nestel me dieper in mijn slaapzak, hopend dat de grenzen van onze werelden intact blijven.

De geluiden van de stad vermengen zich met mijn gedachten. De spanning van de race, zowel voor als achter me, hangt nog steeds in de lucht. Herinneringen aan de trainingen, de pijn en de voldoening die het tot nu toe heeft gebracht, zijn dichterbij dan ooit. Terwijl de geluiden vervagen, laat ik me meevoeren naar de wereld van dromen, de wereld waar ik straks opnieuw zal racen. Eerst in mijn slaap, en dan als ik wakker ben.

DAG 8 – GELUK TUSSEN AFVALBERGEN

Bij het openen van mijn ogen zie ik als eerste een mededeelnemer, Christian, voorbij fietsen. Deze keer zie ik hem wel, maar hij mij niet. Ik ben benieuwd wanneer we elkaar weer zullen zien en spreken. Het zien van een andere deelnemer is de perfecte motivatie om het comfort van mijn luchtbed in te ruilen voor mijn fiets. Direct draai ik het ventiel van mijn luchtbed los. Daarna kun je niet anders dan opstaan. Precies om 6 uur fiets ik weg. Dat voelt goed. Voor het eerst in drie dagen is het me gelukt om een korte nacht te maken, vier uur slaap, precies zoals ik het wil. Na een halfuur bereik ik de grens van Montenegro. Er heerst verwarring. De auto voor mij wordt tegengehouden. De reden is mij onbekend. Tijd glijdt voorbij - een kwartier voelt als een uur. Dan, eindelijk, een knik. Ik mag door.

Montenegro. De naam fluistert 'zwarte berg'. Maar de bergen hier weerspiegelen een andere kleur, een complex palet van natuurlijke schoonheid. De wind is minder gastvrij, sterk en recht in mijn gezicht. Vijftig kilometers over de hoogvlakte, naar het oosten, daar waar de wind vandaan blaast. Elke trap voelt zwaarder, elke kilometer telt dubbel. Maar ik ben in de race, een ritme dat geen vertraging verdraagt.

Op de tracker lichten vertrouwde namen op. Namen die ik ook van gezicht ken van het vorige checkpoint in Slovenië, nu drie dagen geleden. Nog vijftig kilometers en ik zit weer op de populaire route, het pad van velen. De afgelopen racedagen waren verre van vlekkeloos, met meer vermoeidheid dan gewenst. Toch lig ik verrassend genoeg nog steeds dicht bij de anderen. Ik voel een drang om te achtervolgen en de stippen op de kaart op te eten. Als een spel, bijna kinderlijk in zijn eenvoud: het is tijd voor Pac-Man.

In de eerste stad, Nikšić, pak ik de eerste twee stippen. Daarna begin ik aan de klim. Ik houd niet in. De uitzichten zijn schitterend. De klim is korter dan ik dacht. Eenmaal boven voeg ik in op de grote weg naar Podgorica, de hoofdstad van dit kleine land. Dertig kilometer lang rol ik de bergen af, richting zeeniveau. Ik geniet van het verkeer in de hoofdstad. Zelfverzekerd eis ik mijn plaats op op de talloze rotondes. Ik geniet echt van de chaos van de stad. Files ontwijk ik door er rechts langs te gaan, door de berm als het moet. Drukte stopt mij niet. Ik wil en ga vooruit.

Het duurt niet lang voordat ik Montenegro weer verlaat. Het bezoek aan dit land, met evenveel inwoners als Rotterdam, is kort maar memorabel. Het duurt echter te lang voordat ik het land daadwerkelijk kan verlaten. Bij de grens met Albanië staat een lange file. Ik dring een beetje voor, maar niet tot helemaal vooraan. In de file ontmoet ik Griekse jongeren. Ze bieden me eten en drinken aan, maar ik sla het af. Na uitleg over mijn race neem ik hun aanmoedigingen en gelukswensen gretig in ontvangst. Vervolgens word ik in het Nederlands aangesproken door twee Nederlanders van mijn leeftijd. Ze hebben de rood-wit-blauwe vlag op mijn achterspatbord gezien. Zelf trekken ze rond op een crossmotor en zoeken zoveel mogelijk onverharde wegen op. Niet verrassend is Albanië hun volgende bestemming.

HET GAAT NOOIT ALLEEN MAAR SLECHTER

De hitte van vandaag voelt intenser dan die van gisteren, en ik vraag me af of deze trend zal aanhouden. Ondanks de verzengende zon heeft mijn lichaam enige weerstand opgebouwd. Toch blijft de dorst, een constante herinnering aan mijn fysieke grenzen.

Bij toeval werp ik een blik over mijn schouder en zie een fiets tegen een gevel staan. De vertrouwde contouren van zadeltas en frametas verraden een mededeelnemer in deze race. Een geparkeerde fiets dient vaak als onuitgesproken teken dat er iets belangrijks te vinden is. Vandaag is het de fiets van Christian.

Ik vraag me af waar hij is. Zijn helm en spullen liggen achteloos op het terras, maar van de man zelf is geen spoor te bekennen. Nieuwsgierig stap ik de supermarkt binnen. De lege schappen geven een vreemd gevoel, alsof ik in een verlaten winkel beland ben. Mijn blik valt op een enkele koude drank. Ik wil het hebben, maar hoe?

In de verlaten ruimte zoek ik naar iemand om af te rekenen. Mijn zoektocht brengt me naar het naastgelegen restaurant, waar een serveerster me begroet. Ze lijkt de enige persoon te zijn die zowel het terras als de lege supermarkt beheert.

Ik zet koers naar het zuiden, de fiets van Christian achterlatend. We zullen elkaar vandaag vast nog tegenkomen, denk ik. Het derde checkpoint in Albanië is niet ver meer. Ik buig voorover om zo aerodynamisch mogelijk te fietsen. De kilometers moeten verslonden worden. Langs het meer strekt de vlakke weg zich uit, met asfalt dat mijn banden gunstig gezind is.

De diversiteit op deze weg trekt mijn aandacht: ronkende dieseltrucks, glanzende zwarte Mercedessen, een paard en wagen met een kar vol fruit. Twee mensen op een opgevoerde brommer, helmloos. Kinderen die dartelend de weg op lopen. Zelfs een oudere vrouw op een fiets en een boer die rustig met zijn koe wandelt. En dan ben ik er, in mijn opvallende lycra, met haast, maar zonder snel te zijn. Hier, in Albanië, voelt mijn afwijkende verschijning paradoxaal passend. Iedereen deelt dezelfde weg, want er is er maar een.

Shkoder, de eerste Albanese stad op mijn route, verwelkomt me met verkeerschaos, en ik geniet intens. Het lijkt alsof er geen regels zijn: geen borden, geen belijning, iedereen kriskras door elkaar. Een kruispunt is volledig geblokkeerd door auto's van alle kanten. Maar opmerkelijk genoeg hoor ik geen claxons, geen irritaties, geen vloeken. Geen stress. Mensen leven hier in het nu en maken problemen niet groter dan ze zijn. Auto's beginnen weer te bewegen, en het probleem lost zich ogenschijnlijk vanzelf op.

Ik ga op in de stroom van het verkeer en vind mijn weg door elke opening op de weg voor me. Het doet me denken aan mijn dagen als fietskoerier in Rotterdam. Met een bakfiets vol pakketten manoeuvreerde ik door de stad. Je leert het verkeer niet als regels, maar als een vloeiende beweging te lezen. Door je eraan over te geven, vermijd je weerstand. Vaak is de gemakkelijkste weg de juiste. Ik vind het jammer om Shkoder al snel weer te moeten verlaten. De stadse drukte biedt een welkome afleiding van de fysieke eisen van het eindeloos fietsen.

Na Shkoder beland ik op het Albanese 'platteland', een term die nauwelijks past bij het constant glooiende landschap. Landbouw is hier de levensader; bijna de helft van de inwoners verdient er zijn brood mee. Vandaag ligt het werk stil door de brandende hitte van 38 graden. Ik vraag me af waar ik voedsel en vocht ga vinden. De dorpjes op mijn route lijken meer op gehuchten. Een check op mijn kaart toont weinig belofte. De voorraad van die bijna lege supermarkt is al lang verbruikt. Nu is het zaak om mijn gedachten uit te schakelen en de kilometers te overwinnen.

In de verzengende hitte, met de druk van uitdroging zwaar op mijn schouders, trek ik me terug in een mentale cocon. Het landschap, de geluiden, de zinderende warmte – ze vervagen. Er heerst een kalmte, een soort stilte die me omsluit en de zorgen van de buitenwereld buiten houdt.

Hitte wordt een vijand wanneer je haar te veel aandacht geeft. Als je verlangt naar de sensatie van koud water in je mond of naar de tinteling van een frisse wind op je huid, groeit de last. Het verlangen, het 'wat als'-spel, voedt de ontevredenheid. Maar als je de hitte accepteert en haar als een gegeven ziet in plaats van als een straf, wordt ze draaglijk.

Ik herinner mezelf eraan dat weerstand vaak voortkomt uit verzet tegen wat is. Als je de realiteit onder ogen ziet en stopt met vechten tegen de omstandigheden van het moment, ontstaat er ruimte. Ruimte voor acceptatie en vindingrijkheid.

In die cocon van acceptatie vind ik vaak een uitweg. Een oplossing die er altijd al was, maar die ik eerder niet kon zien door de mist van mijn eigen onrust. En zo, onverwacht, wanneer ik het het minst verwacht, dient de oplossing zich aan.

In de schaduw van een oud gebouw, midden in een gehucht, zitten oude mannen op gammele plastic stoelen, verzonken in een diep gesprek. De scène trekt mijn aandacht, en zonder erover na te denken, rem ik af. Naast hen staat een bouwvallig gebouw zonder ramen, maar de uitgestalde spullen eromheen verraden de functie: een winkel. Ik duw de zware deur open en word plotseling overspoeld door de geur van vers voedsel. Het voelt als het vinden van een oase in de woestijn.

Achter een geïmproviseerde toonbank staat een jonge vrouw. Onze blikken kruisen elkaar en er hangt een moment van stilte tussen ons. Ik waag het erop en vraag in het Engels of ze euro's accepteert. Tot mijn verrassing antwoordt ze in vloeiend Engels en ik voel een onmiddellijke connectie. Ik struin door de stellingen, als een kind in een snoepwinkel. Zonder mandjes draag ik mijn selectie van goederen naar de toonbank in mijn armen. Ze maakt haar berekeningen met pen en papier, op de ouderwetse manier.

Als ik haar een briefje van 20 euro geef, reageert ze met oprechte verbazing en dankbaarheid.

Het maakt me niet uit dat het te veel is. Deze onverwachte oase in het midden van mijn reis is elke cent waard. Met een glimlach stap ik weer op mijn fiets, mijn hart een beetje lichter door deze kleine, maar betekenisvolle interactie. Het zijn deze momenten die de reis de moeite waard maken.

Na mijn noodzakelijke tussenstop zet ik mijn reis door Albanië voort. De bergketen die zich links van me uitstrekt, biedt adembenemende uitzichten. Het besef dat ik spoedig mijn weg door deze bergen zal moeten vinden, maakt me zowel nerveus als opgewonden. Maar voordat het zover is, moet ik eerst een uitdaging van een andere aard overwinnen: een eeuwenoude brug over een rivier.

Deze historische brug vormt de verbinding tussen het noorden en het zuiden van Albanië. Terwijl ik dichterbij kom, besef ik dat het begrip 'onderhoud' hier mogelijk anders wordt geïnterpreteerd dan in Nederland. Deze brug, eens een statige boogbrug, heeft duidelijk betere tijden gekend – dat is dan nog bijzonder zacht uitgedrukt. Wat overblijft is een schouwspel van betonplaten met daartussen gaten van angstaanjagende breedte. De bogen zijn er niet meer. Auto's bewegen er zigzaggend overheen, voortdurend uitwijkend voor deze gaten. Als ik deze auto's niet voor me over de brug had zien gaan, was ik waarschijnlijk omgekeerd.

Dan begin ik toch maar aan de oversteek. Mijn blik wordt onvermijdelijk naar de diepte onder me getrokken. Elke trap die ik doe, is een balans tussen angst en bewondering. Het feit dat dit soort ervaringen in Nederland ondenkbaar zijn, biedt een vreemd soort troost. Als ik uiteindelijk de overzijde van de rivier bereik, kan ik een zucht van verlichting niet onderdrukken. De oversteek was een ervaring op zich, één die ik niet snel zal vergeten.

HET GAAT NOOIT ALLEEN MAAR SLECHTER

Na de gammele oversteek over de vervallen brug, ben ik nu in de afgelegen gebieden van Albanië. Het landschap en de mensen hier dagen mijn opvattingen over geluk en rijkdom uit en herdefiniëren ze. De ruige gravelwegen van Milot, een dorp aan de rivier, onthullen een wereld vol contrasten die me tot in het diepst van mijn ziel raken.

Wat voor mij bouwvallige krotten lijken, zijn de warme huizen van vele gezinnen. Hun versleten kleding vertelt verhalen van overleven en doorzettingsvermogen. Zwerfhonden, vermoeid en getekend door een hard leven, dwalen door het landschap als stille getuigen van ontbering.

Midden in deze taferelen van ruwheid en overleven zit een jongen. Tussen twee stinkende afvalbergen strekt hij liefdevol zijn hand uit naar een vermagerde hond met drie poten. Zijn pure, stralende lach vormt een paradox tegen de armoede om hem heen. Dit moment raakt mijn ziel en daagt mijn vooroordelen en ideeën over rijkdom en geluk uit. Hier, te midden van wat velen als pure ellende beschouwen, vind ik de belichaming van ware vreugde.

Een stem, afkomstig van een jongen in een Messi-voetbalshirt, wekt me uit mijn overpeinzingen. 'How are you?' roept hij lachend. Een plotselinge herkenning overspoelt me. Het shirt brengt me terug naar mijn jeugd, toen ik op 7-jarige leeftijd mijn eerste voetbalshirt kreeg, ook van Messi. De trots en vreugde van toen staan nog altijd in mijn geheugen gegrift. Voor een moment voel ik een diepe connectie met deze jongen, niet alleen door het shirt, maar ook door onze gedeelde menselijkheid.

Zijn enthousiasme, ondanks mijn vermoeidheid na dagenlang fietsen, geeft me hernieuwde energie en perspectief. Ondanks de enorme verschillen in onze levensomstandigheden - waar we geboren zijn en hoe we zijn opgegroeid - is er op dit moment een kortstondige uitwisseling van woorden en emoties.

De levens van deze jongens, zo anders dan het mijne, zetten

mijn wereldbeeld op zijn kop. Ze herinneren me eraan dat geluk en verdriet universeel zijn, ongeacht plaats of bezittingen. Als zij te midden van hun uitdagingen vreugde kunnen vinden, dan kan ik dat ook, zowel tijdens deze tocht als daarna.

De ontmoeting dwingt me na te denken over wat echt telt in het leven. Emoties borrelen op, maar ik beheers ze. Dit moment blijft onuitwisbaar in mijn geheugen. Wat betekent rijkdom echt? Waar ligt de essentie van geluk? Misschien in de lach van deze jongens en hun vermogen vreugde te vinden, ondanks alles. Het herinnert me eraan dat echte rijkdom niet over materiële bezittingen gaat, maar over hoe we het leven ervaren en waarderen.

Nadat de emotie van deze ontmoeting is weggeëbd, bevind ik me in de bergen. Een prachtige kronkelige weg volgt het water in het dal. De natuur is hier schitterend. Ver onder mij hangt een indrukwekkende loopbrug over het water. Aan de overkant is alleen ruige natuur.

In de schemering van de Albanese valleien, omringd door serene stilte, haal ik mijn telefoon tevoorschijn om de ruige schoonheid vast te leggen. Voordat ik het perfecte shot kan nemen, voel ik een andere camera op mij gericht. Ryan Downes, een professionele racefotograaf, heeft zijn strategische plek gevonden. Een glimlach breekt door op mijn gezicht. Ik voel me weer volledig in de race. De volgende stempelpost is dichtbij, maar de weg er naartoe blijft uitdagend.

Plotseling schiet een schim voor mijn wielen. Een zwerfhond. Mijn hart stokt. In een fractie van een seconde moet ik handelen: remmen, sturen, balanceren. Ik voorkom nog net een crash. De adrenaline giert door mijn lijf. Dat was op een haar na misgegaan.

De invallende avond kleurt de lucht en geeft het landschap een andere dimensie. Het ruige pad wordt steeds gevaarlijker. Hobbel na hobbel, gat na gat - een onverwachte kuil rukt het stuur uit mijn handen. Wederom vecht ik tegen de zwaartekracht en houd mijn fiets in bedwang. Elke meter voelt als een overwinning.

De kilometers naar het checkpoint lijken oneindig, maar tikken gestaag weg. En dan, eindelijk, daar is Burrel. Deze verborgen stad tussen de bergen bruist van het leven. Er is een luidruchtig volksfeest aan de gang. De contrasten zijn onmiskenbaar: de stille, majestueuze bergen en het levendige stadshart van Burrel.

Net buiten de feestelijkheden vind ik het checkpoint - een plaatselijk restaurant. Vertrouwde gezichten verwelkomen me. Christian en Ryan zitten al ontspannen aan tafel. Slapen stond op mijn agenda, maar deze plek biedt weinig comfort. Ik herschik mijn plannen. De nacht is gevallen en het parcours voor me is uitdagend. Ik twijfel even, maar besluit door te trappen.

Deze nachtelijke tocht voelt bijna surrealistisch. Ik laat het laatste stukje beschaving achter me en waag me opnieuw aan het onbekende. Christian roept nog iets na: 'Ik hou je in de gaten op de tracker. Vanuit mijn warme bed!' Zijn humor breekt de spanning en zorgt voor gelach. Dit is het moment waarop je beseft dat er een gedeelde passie is, een onuitgesproken band tussen iedereen hier. We begrijpen elkaar in een wereld die onze keuzes misschien nooit zal vatten.

De beklimming begint verrassend aangenaam. Tegen mijn verwachtingen in laat het pad zich gemakkelijk bedwingen. Met elke overwonnen meter wordt het uitzicht op de sprankelende lichtjes van Burrel imposanter. De lucht is frisser, bijna verkoelend. De uitbundige klanken van het feest in Burrel vervagen langzaam en maken plaats voor een serene rust, tot het gebrom van een tweetaktmotor mijn concentratie verbreekt. Een vrolijk duo op een brommer passeert me - waarschijnlijk feestgangers op weg naar huis in de bergen. Het tafereel doet me glimlachen. Dit had net zo goed na een tentfeest in mijn eigen polder kunnen zijn.

De stilte keert terug, enkel onderbroken door mijn gestage

ademhaling, synchroon met het ritme van mijn trappende voeten. Maar dan verandert het gladde asfalt plotseling in ruig, uitdagend gravel. Welkom op het legendarische Albanese gravel. En daar sta ik dan, midden in de nacht, op onbekend terrein. De oppervlakkige gravelwegen van thuis zijn kinderspel vergeleken met deze. Het vergt al mijn balans en vaardigheden om overeind te blijven. Tot een schijnsel in de verte mij doet verstarren. De lichten van een gestrande tractor verblinden me. Ik probeer te manoeuvreren, maar het ongelijke pad wint. Voor de ogen van de tractorbestuurder ga ik onderuit.

Even ben ik gedesoriënteerd. Terwijl ik mijn fiets weer overeind trek, probeer ik de situatie te bevatten. De man, waarschijnlijk net zo verbouwereerd als ik, blijkt pech te hebben. Hoewel communicatie in een gezamenlijke taal onmogelijk is, doen we beiden een poging. Ik vraag me af wie van ons deze nacht als vreemder ervaart: de eenzame man met zijn defecte tractor, plots verrast door een vallende fietser, of ik, die in het pikkedonker een onverwachte hindernis treft op een verder lege berg? Deze confrontatie maakt mijn besluit helder: ik loop verder, met de fiets aan mijn zijde.

Dit voelt als een déjà vu van het Sloveense parcours. Er is troost in deze herhaling. Wandelen vraagt weinig kracht maar zorgt voor gestage voortgang. Ik zet door, steeds verder weg van de slaapplaatsen van mijn mede-racers. Maar de batterijen van mijn koplampen raken sneller leeg dan verwacht.

Wanneer het pad voor mij in duisternis gehuld wordt, weet ik dat zelfs wandelen riskant wordt. Ik maak een geïmproviseerde rustplek: mijn fiets als gezelschap, de bivakzak als onderdak. Slapend op deze majestueuze berghelling, voelt dit nachtelijke intermezzo als een succesvol mini-avontuur binnen mijn grote reis.

DAG 9 – STEM VAN ZELFMEDELIJDEN

Drie uur later word ik wakker van het geluid van knisperende banden. Ik lig naast het parcours en word ingehaald. Het is Jason, maar voordat ik het besef, is hij alweer uit het zicht. Net als de vorige nacht is dit mijn teken om op te staan. Het is nog maar 5 uur 's ochtends, maar het is al volop licht. Geen tijd te verliezen.

Het lukt me zelfs om delen van het gravel te fietsen. Ik ben nog niet helemaal bovenop de klim, maar dat duurt niet lang meer. Eenmaal boven ben ik blij. Het is nog bijzonder vroeg en vanaf hier gaat het voornamelijk omlaag. Over vreselijk gravel, dat wel, maar toch omlaag. Nog geen dertig seconden na die blijde constatering zou mijn race voorgoed veranderen.

Op de allereerste meters van de afdaling gaat het meteen mis. Mijn achtervelg raakt een scherpe steen en de tubeless band schiet van de velg. Latexvloeistof, bedoeld om lekken te dichten, spuit in het rond. Met een grote zucht laat ik mijn fiets vallen. Hier is het dan, mijn eerste serieuze fietspech. Op een berg, 6 uur 's ochtends, midden in het niets.

Daarna probeer ik alles om de band weer op de velg te krijgen. Het lukt me niet. Wat ik ook doe, de band blijft lucht verliezen. Mijn handen en vingers doen pijn van het proberen. Ik geef het op; dit gaat niet werken. Er moet een binnenband in. Meer dan een uur en veel chagrijn later, ga ik weer op weg. Met een binnenband erin. Vertrouwen dat dit mij over de dertig resterende gravelkilometers gaat brengen, heb ik niet.

Dat blijkt terecht. Nog geen honderd meter verder heb ik een stootlek. Mijn velg heeft de net nieuwe binnenband aan twee kanten lek gestoken. Tot overmaat van ramp blijkt mijn body, het deel van het achterwiel dat de cassette vasthoudt, compleet losgetrild. Bij het verwijderen van mijn wiel liggen de onderdelen verspreid over de rotsachtige stenen.

'Alles wat kapot kon gaan, is nu kapot,' denk ik. 'Behalve mijn wil om de finish te bereiken.' Het duurt weer ruim een uur voordat ik verder kan. Ik heb een nieuwe binnenband in mijn achterwiel gedaan en mijn body weer in elkaar gezet. Ik besluit verder te lopen. Nieuwe risico's zijn geen optie meer.

Daar ga ik dan, over het onherbergzame gravel, waarbij iedere stap zwaarder aanvoelt dan de vorige. Minuten veranderen in uren en toch, ondanks mijn inspanningen, kom ik nauwelijks vooruit. Om me heen zoeven andere deelnemers voorbij, terwijl ik worstel met elk stukje vooruitgang. Zelfmedelijden begint op te komen.

Was ik niet degene die koos voor een avontuur in het holst van de nacht, terwijl velen zich overgaven aan de warmte van hun bed? Was ik het niet die na slechts een paar uur rust vol enthousiasme weer op pad ging, vastbesloten om elke seconde effectief te benutten in deze race?

En toch, hier ben ik. Lopen, niet fietsen, met nog 25 kilometer te gaan voordat ik de vertrouwde asfaltweg weer kan voelen onder mijn banden. De vraag borrelt op: waarom overkomt mij dit?

HET GAAT NOOIT ALLEEN MAAR SLECHTER

Zelfmedelijden kan als een onzichtbare, knellende ketting fungeren, vooral tijdens zo'n mentaal en fysiek uitdagende race. Wanneer het je omsluit, dwaal je af in je eigen psyche. Je ziet jezelf als slachtoffer, het middelpunt van een oneerlijk universum, en zet jezelf op een voetstuk van ellende. Klagen voelt dan logisch, een manier om je innerlijke pijn te uiten. Maar die stem echoot alleen in de leegte, resulterend in een repeterend lied van zelfbeklag.

Het is een innerlijke wervelwind die je meesleept. Hoe harder je je verzet, hoe dieper je erin gezogen wordt. Je wilt dat de wereld je pijn ziet, erkent en medeleven toont. Maar als mede-deelnemers langskomen en naar je welzijn vragen, wil je niets liever dan je afwenden. Hun medeleven voelt oppervlakkig, bijna als zout in de wond. Ze dwingen je te kijken naar wat je probeert te ontvluchten: de realiteit.

De innerlijke stem, verstikt door zelfmedelijden, zegt dat alles tegen jou samenspant en dat jouw tragedie uniek en onvoorstelbaar is. Maar bij nader inzien zie je de waarheid: je fiets is alleen maar defect, een gevolg van je eigen keuzes. Fouten die, bij reflectie, vanaf het begin duidelijk waren. Maar de menselijke geest heeft een verbazingwekkend vermogen om van zulke waarheden weg te draaien, vooral wanneer zelfmedelijden de overhand krijgt.

Het is makkelijker te geloven dat we onrechtvaardig zijn behandeld dan de spiegel van verantwoordelijkheid te omarmen. Maar in die omarming ligt de sleutel tot bevrijding. Echte vooruitgang ligt in het onder ogen zien van de realiteit, het loslaten van de ketting van zelfmedelijden, en het opnieuw richten van het innerlijke kompas naar groei en begrip.

't Mot maar,' zei mijn opa altijd, met een typische berusting in zijn stem die zowel kracht als gelatenheid uitstraalde. Hoewel mijn herinneringen aan hem vaag zijn - hij overleed toen ik drie jaar oud was - zijn deze woorden sterk verankerd in mijn geheugen. Ze waren niet zomaar woorden voor hem, maar de essentie van zijn levensfilosofie.

Mijn opa groeide op in een tijd waarin het leven hard was en er geen luxe was om bij de pakken neer te zitten. Zijn eenvoudige uitspraak belichaamde zijn vermogen om te accepteren wat op zijn pad kwam, hoe uitdagend of oneerlijk ook. Het was zijn mantra voor veerkracht, verantwoordelijkheid nemen en doorgaan, ongeacht de omstandigheden.

Toen ik opgroeide en mijn eigen uitdagingen tegenkwam, begon de betekenis van zijn woorden tot me door te dringen. Het was niet slechts een uitspraak om het onvermijdelijke te accepteren, maar een oproep om de realiteit onder ogen te zien en bewust de keuze te maken om vooruit te bewegen. Het is een houding van proactieve acceptatie, niet een passief 'het is wat het is', maar een krachtig 'ik erken dit en kies ervoor door te gaan'.

Opa's woorden hebben me vaak getroost in moeilijke tijden. Ze herinnerden me eraan dat ik altijd een keuze heb in hoe ik reageer op wat het leven me brengt. Ze gaven me de kracht om uitdagingen aan te gaan, te accepteren wat ik niet kan veranderen en te focussen op wat ik wel kan beïnvloeden. En misschien wel het belangrijkste: ze leerden me dat beweging, hoe klein ook, vaak de sleutel is tot vooruitgang.

Het landschap verandert langzaam. Waar eerder scherpe rotsen het pad domineerden, zijn het nu afgeronde stenen. Het pad bestaat nu meer uit zacht zand dan uit hard gravel. Mijn voeten voelen de zachtere ondergrond en met hernieuwde moed stap ik weer op mijn fiets.

Terwijl ik de nieuwe omgeving in me opneem, word ik plotseling verrast door een bekend gezicht: Jason. Het voelt surrealistisch om hem hier tegen te komen, want ik dacht dat hij allang verder zou zijn. Hij komt mijn kant op en vertelt dat hij zijn koplamp op dit moeilijke deel van het parcours is verloren en moest terugkeren om het te vinden. Ook hij is niet ongeschonden gebleven; lekke banden hebben zijn reis bemoeilijkt.

We praten even, delen onze ervaringen, en al snel gaat Jason weer verder. Net wanneer ik denk dat de zwaarste beproevingen achter me liggen, schrik ik van een explosieve knal. Het geluid is zo intens en plotseling dat mijn hart overslaat. Adrenaline schiet door mijn lijf en de meest bizarre gedachte flitst door mijn hoofd: "Is er op me geschoten?" Maar al snel realiseer ik me de werkelijke oorzaak. Mijn achterband is volledig uiteengereten door de combinatie van hitte, druk en eerdere pogingen om een lek te voorkomen.

Met één blik op de verwoeste band weet ik dat fietsen geen optie meer is. De desolate weg naar de eerstvolgende plaats, Peshkopi, strekt zich twintig kilometer voor me uit. De zon brandt genadeloos en de temperatuur is opgelopen tot boven de 35 graden. Mijn watervoorraad en eten zijn uitgeput. Mijn telefoon en de laatste reserves van mijn powerbank staan op het punt om uit te vallen.

Een gevoel van hopeloosheid dreigt me te overspoelen. Maar midden in deze pech en uitdaging komt er een kalme acceptatie over me heen. Een echo van de woorden van mijn opa, die perfect bij deze situatie passen: 't mot maar.'

De zon brandt genadeloos op mijn huid terwijl ik mijn zware voeten door het stoffige pad van de Albanese bergkam sleep. Elke stap voelt als een prestatie op zich en mijn hoofd is leeg, verdwaald in een vacuüm van gedachten. Er is geen ruimte voor planning of probleemoplossing. Alleen de volgende stap telt. En daarna nog een.

Mijn oren vangen het geluid van een motor op en ik draai instinctief mijn hoofd. Een zwarte Volvo komt naast me rijden, de glanzende lak contrasteert met de ruwe gravelweg. Het raam schuift omlaag en Ryans gezicht verschijnt, de fotograaf die ik gisteren bij het checkpoint ontmoette. Mijn hart krimpt als ik hem vertel over mijn lot: de kapotte banden, de eindeloze kilometers die ik te voet heb afgelegd en de regels die me verbieden zijn hulp te accepteren.

In zijn ogen zie ik een weerspiegeling van mijn eigen tegenslag. Hij vertelt over de lekke band van zijn Volvo, een auto die net zo ongeschikt is voor deze zware tochten als mijn versleten fietsbanden. Het is een moment van gedeelde ellende, een moment dat net zo snel voorbijgaat als het is begonnen wanneer onze paden weer scheiden.

De afdaling lijkt eindeloos. Elke meter naar beneden herinnert me eraan hoe veel makkelijker het zou zijn geweest met lucht in mijn banden. Uiteindelijk bereik ik het einde. Een oude brug over een rivier werpt een welkome schaduw, als een zegen uit de hemel. Ik haast me naar de rivier voor verkoeling.

Onder de brug zie ik Matthias, een andere deelnemer, liggen, uitgestrekt op zijn luchtbed, kalm ademend. Jaloezie steekt scherp en onverwacht. Terwijl ik daar zit, voel ik bitterheid opborrelen. We zijn op dezelfde plek, op dezelfde tijd, in dezelfde race, maar zijn situatie is zo anders. Hij rust even uit in de schaduw. Zijn fiets is intact, zijn tocht gaat door, terwijl ik alleen maar kan zitten en toekijken.

De oevers van de rivier zijn bedekt met afval. Tussen de rommel vind ik een hoop rubber. In een wanhopige poging om mijn reis te redden, creëer ik een noodoplossing. Het rubber, vastgezet met tie-wraps aan mijn fiets, lijkt misschien belachelijk, maar voelt als mijn enige hoop. Na slechts enkele meters valt mijn geïmproviseerde band echter uit elkaar. Al mijn inspanningen voelen tevergeefs.

Na een uur onder de brug verzamel ik de moed om verder te gaan. Ik moet blijven bewegen en drinken vinden om te overleven. Zonder werkende telefoon vertrouw ik volledig op mijn instinct en besluit naar het oosten te lopen. De wegen in het Albanese landschap bieden weinig keuze. Ik kies de weg die het meest veelbelovend lijkt.

De reis onthult een nieuwe kant van Albanië: een gammele houten brug over een rivier. Onder me zoeken lokale Albanezen verkoeling in het water, lachend en onbezorgd, onbewust van mijn interne strijd. Terwijl zweetdruppels over mijn gezicht lopen, zie ik een jeep moeiteloos de rivier doorkruisen.

Elke stap voert me verder van het water en hoger de heuvel op. De omgeving is meedogenloos, zonder schaduw, met de zon als een ongenadige vijand. Mijn technologische apparaten – horloge, telefoon, fietscomputer, powerbank – zijn allemaal uitgeput.

Bij het bereiken van de top van de heuvel hoor ik muziek die verlossing aankondigt. Het komt uit een lokaal café, verscholen tussen enkele eenvoudige huizen. Met mijn laatste euro's koop ik het simpelste genot: koud drinken. Terwijl ik de verfrissing voel, besef ik pijnlijk mijn toestand. Mijn doordrenkte en vuile kleding vertelt het verhaal van doorstane ontberingen.

Mijn opvallende verschijning trekt snel de aandacht. Al gauw word ik omringd door nieuwsgierige dorpelingen. Oude mannen praten in rappe, onverstaanbare zinnen. Communicatie gaat echter verder dan woorden, en een glimlach is alles wat ik kan teruggeven. Dan verschijnt een jonge jongen op een mountainbike zonder remmen. Hij spreekt me aan in vloeiend Engels en wordt mijn vertaler en brug naar de dorpelingen, lachend en vertalend.

Zijn oprechtheid raakt me diep; hij wil helpen en zoekt naar oplossingen. Ondanks mijn tegenwerpingen lijkt hij het hele dorp te willen mobiliseren. Hun gastvrijheid is overweldigend en vormt een scherp contrast met mijn eenzame tocht. Het doet pijn om hun aanbiedingen te weigeren vanwege de strikte race-regels.

Buiten de bar staat mijn fiets, een herkenningsteken voor andere racers. Ze passeren een voor een, elk met aanbiedingen van hulp en medeleven. Elke keer confronteert hun aanbod me met de keuze: accepteren en opgeven, of doorzetten. Het ongemak is tijdelijk, de herinneringen zijn eeuwig. En ik ben nog niet klaar om de handdoek in de ring te gooien. Dus, doorzetten.

Na enkele uren bij de bar doorgebracht te hebben, moet ik verder. Het is nog ruim twee uur lopen naar Peshkopi, de eerste plaats met een hotel. Ik neem afscheid van de jongen, maar niet zonder eerst een selfie met hem te maken.

De zon is nog steeds genadeloos, brandend op het landschap en mijn schouders. Met elke stap lijkt het asfalt harder, de lucht dikker, en ik zak dieper weg in een moeras van vermoeidheid en desillusie. Elk deel van me is uitgeput, verzadigd van de pijn van het eindeloze lopen en duwen tegen de onverzettelijke realiteit van het hier en nu.

Een groep jongens komt me tegemoet. Hun bewegingen zijn niet willekeurig. Elke pas lijkt berekend, elke blik scherp als die van een roofvogel. De sfeer, al zwaar van de drukkende hitte, verdikt verder tot een stroop van spanning en onheilspellende anticipatie.

Met de herinnering aan de vriendelijke Albanese jongen nog vers in mijn geheugen, hoop ik op een vergelijkbare ontmoeting. Maar alles in me voelt dat dit niet het geval zal zijn. Ik hef een hand, een universele groet, uitgestrekt naar het onbekende in de wanhoop van een verloren reiziger. Maar hun ogen vangen de mijne niet met begrip of empathie. In plaats daarvan zijn het donkere spiegels die slechts schaduwen van iets ongrijpbaars, iets sinisters weerkaatsen.

De weg is breed genoeg om elkaar te passeren, maar hun bereidheid om mij door te laten, ontbreekt volledig. Een onzichtbare muur van intentie en onwil vormt zich voor me, blokkeert de doorgang. Een zwaarte, anders dan fysieke uitputting, nestelt zich in mijn borst. Het is de hoop die zijn vleugels vouwt, een klein vogeltje dat zich terugtrekt in de grotten van mijn hart. De jongen voor me, met ogen die glinsteren met een ongetemde mix van agressie en verlangen, lijkt zichzelf tot leider van deze confrontatie te hebben benoemd.

Zijn hand, die spottend in mijn lege achterband duwt, lijkt het signaal voor een verhoging van de inzet. 'Money, money!', klinkt het. Dit ken ik uit reisverhalen van fietsers in Afrika. En daar sta ik dan, in het vizier van deze jonge, hongerige wolven, zonder energie om te vechten, zonder wil om te strijden. Machteloos. Maar ergens, vanuit een onbekende diepte, borrelt iets op. Een kracht, een vastberadenheid, misschien geboren uit pure wanhoop, of uit de erkenning dat dit het absolute dieptepunt van mijn reis is.

'No money!' schreeuw ik, gevolgd door een reeks internationale scheldwoorden. De woorden, scherp en onverbiddelijk, lijken hun uitwerking niet te missen. Er verandert iets in hun houding, iets in de dynamiek van de groep. De leider aarzelt, de cirkel breekt. Met mijn hoofd geheven en mijn hart bonzend van adrenaline, zie ik een pad door de opening en grijp mijn kans.

Plotseling hoor ik het geluid van suizende stenen. Ze landen met doffe klappen naast me, raken mijn fiets, en één treft mijn kuit. Een scherpe pijn schiet door mijn been. Maar ik kijk niet om. Ik weiger de veroorzakers van deze bekogeling enige aandacht te geven.

De lucht om me heen klaart op, bevrijd van de onzichtbare last van dreigend geweld en vernietigende blikken. Ik blijf lopen, mijn voeten bewegen mechanisch, gedreven door een instinctieve drang om door te gaan. Mijn geest worstelt om de recente gebeurtenissen te verwerken: te begrijpen, te plaatsen, te accepteren.

Wat heb ik zojuist ervaren? Waarom? Wat heeft deze donkere kant van menselijke interactie mij te vertellen?

Ik voel me zwaarder, beladen met het bewustzijn van gevaar en vijandigheid, een gewicht dat mijn ziel naar beneden trekt met onzichtbare maar onmiskenbare kracht. Tegelijkertijd voel ik me paradoxaal genoeg lichter, alsof ik een onzichtbare grens heb overschreden, een drempel ben gepasseerd die leidt naar een ruimte van groter begrip en dieper inzicht.

Het leven heeft me zojuist een nieuwe les geleerd. De waarde van moed in het aangezicht van dreiging, de kracht van vastberadenheid wanneer alle andere opties zijn uitgeput, de kwetsbare schoonheid van de menselijke wil om te overleven en vooruit te gaan. Ik heb iets ontdekt over mijn grenzen, over wat ik kan verdragen en wat ik kan overwinnen.

Met deze nieuw verworven inzichten, hoe pijnlijk en scherp ook, ga ik verder. Vooruit, altijd vooruit, door de onbekende vlaktes en hoogten van dit land dat tegelijkertijd vijandig en uitnodigend is, gevaarlijk en betoverend.

Het is snel donker nu de zon achter de heuvels verdwijnt. Peshkopi ligt bijna binnen handbereik, slechts drie kilometer scheidt me van de flikkerende lichten van de stad. Plots wordt de weg voor me verlicht door felle koplampen, onderbroken door een verlengde schaduw van mijzelf op het ruwe asfalt. Een Mercedes remt af en stopt naast me. De donkere, bijna ondoordringbare ruiten versterken mijn onzekerheid. Mijn gedachten gieren: 'Wat gaat er nu nog meer gebeuren?'

Een zacht zoemend geluid breekt de stilte en het raam aan de bestuurderszijde zakt naar beneden en onthult een stuur aan de rechterkant - een Engelse auto. Vervolgens klinkt het schuiven van een zonnedak. Een jong hoofd, nieuwsgierig en energiek, steekt omhoog vanaf de achterbank. Ik vang de blik van de bestuurder. 'Hoe gaat het?' Zijn Engels klinkt helder en bijna plechtig.

Voor ik het weet, raak ik verwikkeld in een gesprek. Woorden stromen over mijn reis, mijn avonturen en de uitdagingen van de race. Zijn volgende vraag is direct: 'Wat ga je nu doen?' Terwijl ik vertel over mijn plannen om naar Peshkopi te lopen en daar een slaapplek te zoeken, krijg ik een onverwachte wending te horen:

zijn neef is eigenaar van een plaatselijk hotel.

Het contrast met het voorval van een uur geleden kan niet groter zijn. Mijn ziel, eerst nog vol achterdocht, wordt nu overspoeld met dankbaarheid. De eindeloze vriendelijkheid en empathie van vreemden geven een lichte stap terug aan mijn tred. Peshkopi voelt nu als een steenworp afstand.

Het centrum bruist van activiteit, lichtjes flikkeren en mensen bewegen zich haastig voort. Er is siervuurwerk zonder aantoonbare reden. Op een terras wacht de hoteleigenaar. Ik word onthaald als een verloren zoon. Na eindeloze dagen en nachten bevind ik me plotseling in een zachte, warme kamer. Eenzaamheid maakt plaats voor comfort. De gemakken van een bed, een douche, en stromend warm water - het is bijna te veel om te bevatten. Elke vezel van mijn vermoeide lichaam schreeuwt van vreugde. Na een verkwikkende douche zink ik weg in de zachtheid van het bed. Een bed, mijn veilige haven in de wildernis van mijn reis.

Voordat ik me aan de zoete armen van de slaap overgeef, besluit ik nog even de nacht in te stappen. Op straat, waar de energie van de stad me met open armen ontvangt, zoek ik naar een beetje levendigheid, een vonk, iets dat me weer doet voelen als deel van een groter geheel.

Tegenover het hotel schijnt een pizzeria met uitnodigend licht, beloftes fluisterend van voedsel dat zowel lichaam als ziel voedt. De deur zwaait open, en ik word begroet met dezelfde vriendelijke, open blikken die me eerder welkom heetten, alsof de stad zelf me in haar armen sluit.

En dan, te midden van het zachte geroezemoes en het aroma van gebakken deeg en kaas, zie ik een mededeelnemer, een kameraad in avontuur en ontbering. Daar zit Antoine, zijn ogen net zo vermoeid als de mijne, maar brandend met hetzelfde vuur, dezelfde vastberadenheid. Het is een merkwaardig moment van herkenning, van stil begrip in een vreemde, verre stad onder een onbekende hemel.

De aanwezigheid van Antoine, zo onverwacht en toch logisch, wekt een gevoel van verbondenheid in me op. We zijn twee punten op dezelfde lijn, twee verhalen die zich ontvouwen in de nacht. Ondanks de schaduw van mijn kapotte fiets die over me hangt, voel ik iets opflikkeren, iets dat lijkt op hoop.

De geruchten over een fietsenmaker in Peshkopi die zijn deuren opent bij het ochtendgloren, werpen een zwak maar groeiend licht op de weg vooruit. Misschien is dit niet het einde, maar slechts een nieuw begin, een ander hoofdstuk.

Met deze gedachten in mijn hoofd en de smaak van pizza nog in mijn mond keer ik terug naar het hotel. Ik stel de wekker in op 07:00 uur, een tijd die zowel dichtbij als oneindig ver weg lijkt. Dan laat ik me op het matras vallen, en de slaap omhult me als een deken, diep en onverstoorbaar, terwijl ik wegzak in de nacht..

DAG 10 – VLEUGELS VAN VREUGDE

Mijn ogen schieten open; het is niet mijn wekker die me wekt. Ik schrik. Wat is het tijdstip? Heb ik me verslapen? Ik worstel uit bed, maar zodra ik mijn voet neerzet, herinnert de scherpe pijn in mijn kuit me aan de uitputtende wandeltocht van gisteren.

Ik grijp mijn telefoon. Half acht. Nog niet zo laat. Uit een wirwar van fietskleding kies ik het minst onfrisse setje en hijs me erin. De klik van mijn fietsschoenen op de marmeren vloer van de hotelgang klinkt als een klok die de tijd aangeeft. Het uur van de waarheid nadert: het vinden van een fietsenmaker in dit onbekende stadje. Mijn enige kans op een goed vervolg van de race.

Het ochtendgloren werpt een heldere gloed op de straten, die al gonzen van leven. De zon tekent speelse patronen op de gevels van de huizen. In deze vroege uren zijn de contouren van de stad zacht en uitnodigend. Ik loop met de vermoeidheid nog in mijn benen. Mijn blik valt op een winkelraam waar felgekleurde letters 'BICIKLETA' het daglicht lijken te absorberen en terug te schieten naar elke voorbijganger. Mijn hart maakt een kleine sprong – hier gloort hoop.

Voor de winkel staan enkele kinderfietsen uitgestald, glimmend en nieuw. Het zijn mountainbikes, robuust en stevig. Hun aanblik trekt mijn gedachten onmiddellijk weg van het hier en nu, naar een gehucht dat inmiddels vijftien kilometer achter me ligt.

In mijn gedachten zie ik hem weer, de jongen van gistermiddag met de onbevangen glimlach en ogen vol dromen en avontuur. De remmen van zijn fiets waren versleten, onbruikbaar door de tand des tijds en intensief gebruik. Hoeveel avonturen hadden die twee samen beleefd op de stoffige wegen van het Albanese platteland? Hij kwam wel eens in Peshkopi, maar deze fietsenwinkel kende hij niet.

Ik zie de opwinding in de ogen van de jongen voor me. De pure vreugde die zo'n nieuwe fiets in zijn leven zou brengen. Een fiets met remmen die gehoorzamen aan de lichtste aanraking, die hem veilig zouden houden op de steile hellingen en scherpe bochten van zijn streek. Het idee van zijn blijdschap brengt een glimlach op mijn gezicht, een moment van warmte in de koelte van de ochtend.

Ik sta daar, in de schaduw van de fietsenwinkel. Mijn geest verdeeld tussen het verleden en het heden, tussen een ontmoeting van gisteren en de dringende zaken van vandaag. Met een zucht schud ik de gedachten van me af en richt me weer op mijn missie. Maar terwijl ik de winkel binnenstap, kan ik niet anders dan hopen dat het leven voor die jongen, met zijn oude mountainbike en grote dromen, een pad vol avontuur en mogelijkheden voor zich heeft. Dat hij op een dag een fiets zal hebben die net zo sprankelend en beloftevol is als zijn geest.

In de fietsenwinkel, waar het licht vaagjes binnensijpelt, staat de eigenaar geconcentreerd te werken tussen spaken, rubber en staal. Mijn Engels stuit op een ondoordringbare muur van onbegrip. De man is de Engelse taal in geen woord machtig. Maar zijn lach toont welwillendheid.

Ik haal mijn telefoon tevoorschijn. Via Google Translate schets ik de essentie van mijn probleem. Zijn ogen glijden over het scherm, dan wijst hij naar een doos: een wirwar van fietsonderdelen.

Mijn handen duiken in de kartonnen diepte, graaiend en tastend. Eerst niets. Dan, in een hoekje, een bevrijdende ontdekking: een band, met het logo van het fietsmerk Giant prominent zichtbaar. Mijn hart maakt een sprong van hoop - dit lijkt de oplossing.

Maar ik heb ook binnenbanden nodig. Geen enkel exemplaar past; de ventielen zijn als vierkante blokken die niet in de ronde gaten passen. Teleurstelling welt op. Ik keer terug naar het hotel, naar mijn fiets. Daar tref ik mededeelnemer Sam. Zijn ogen stralen positiviteit die aanstekelijk werkt. Hij is verwikkeld in dezelfde strijd met banden en lucht. Ook hij heeft meerdere lekke banden gehad op het parcours.

Sam en ik bundelen onze krachten en keren terug naar de fietsenmaker. We leggen onze nood uit. Zijn gezicht blijft kalm. Zonder veel omhaal pakt hij zijn telefoon, drukt deze tegen zijn oor en begint te spreken. Flarden van gesprekken dwarrelen onze kant op. Iets over een levering. Vanuit Tirana. Dezelfde middag nog.

In de schemerige ruimte, tussen fietsonderdelen en gereedschap, groeit een kiem van hoop. De horizon klaart op, het pad wordt duidelijk. Er komt hulp, er komt een oplossing. De middag brengt, met zijn langgerekte schaduwen, niet alleen warmte, maar ook de belofte van verlossing en vooruitgang. Om 1 uur deze middag komen de passende binnenbanden, zo is beloofd.

Terwijl de uren verstrijken, blijf ik nuttig bezig. Ik sla voedsel in, was mijn kleren die snel drogen in de zengende hitte en rust uit in de relatieve koelte van mijn kamer. Het is een vreemde rust, vol spanning en verwachting. Elk moment kan de reddende levering komen, die mij weer op de weg zet en het avontuur voortzet. De dag kruipt voorbij en ik wacht.

Stipt om 1 uur meld ik me weer in de fietsenzaak. De winkel is leeg. Dezelfde fietsrommel is er, maar de fietsenmaker niet. De deur staat open. Ik loop naar buiten en voel me betrapt als het hoofd van de fietsenmaker verschijnt uit de naastgelegen winkel. Zijn glimlach is nog steeds vriendelijk. Vragend steekt hij zijn hand uit voor mijn telefoon. 'Ze zijn onderweg, nog even wachten,' lees ik op de vertaalapp.

De klok lijkt zijn eigen regels te bepalen, traag tikkend in een wereld van haast en ongeduld. Mijn gedachten tollen in een continue lus: 'Is het pakket echt onderweg?' 'Zullen de juiste binnenbanden daarin zitten?' 'En wat als het antwoord op een van deze vragen 'nee' is?'

De fietsenmaker in Peshkopi

HET GAAT NOOIT ALLEEN MAAR SLECHTER

Zelfs de Albanese fietsenmaker lijkt ongeduldig te worden van mijn onrust. Met een zucht pakt hij zijn telefoon en begint te bellen. Opwinding golft door me heen als hij goed nieuws ontvangt. Via de vertaal-app vertelt hij dat de koerier echt onderweg is en spoedig zal arriveren. Daarna verdwijnt de fietsenmaker herhaaldelijk de straat op, op zoek naar het pakket.

Na een kwartier is het zover. Een busje stopt en de schuifdeur zwaait open. Een man haalt een doos tevoorschijn en laat deze op de stoep vallen. Enkele biljetten wisselen van eigenaar, en het busje vertrekt alweer. Dit moet het zijn. Dit kartonnen doosje, hermetisch dichtgeplakt, is de sleutel tot mijn fietsavontuur.

Met een snelle snijbeweging onthult de fietsenmaker de inhoud van het pakket. Een compleet wiel steekt naar buiten. Verwarring schiet door me heen, totdat ik zelf in de doos kijk. Daar zijn ze: drie kleine kartonnen verpakkingen, versierd met Chinese karakters. Binnenbanden!

Dolblij bedank ik de fietsenmaker en neem een selfie met hem. Daarna haast ik me terug naar het hotel. Mijn fiets staat geduldig tegen de gevel. Binnen dertig minuten is het gepiept. De achterband wordt opgepompt en blijft hard.

De sensatie van mijn fiets die weer soepel door de straten van Peshkopi rolt, is onbeschrijfelijk. Een golf van opluchting en blijdschap overspoelt me, samen met de drang om de toekomst mooi te maken. Terwijl ik de stad uitfiets en de eerste helling beklim, voel ik tranen opwellen. Voor het eerst in anderhalve week vol emotionele uitdagingen geef ik toe aan een traan. Ik laat hem rollen over mijn wang. Een traan van vreugde.

Mijn lichaam en geest versmelten tot een bron van energie. Als een bezetene ram ik op de pedalen, alsof ik al het verlies van deze middag wil inhalen, wetende dat dit onmogelijk is. De ironie ontgaat me niet. Blijkbaar heb ik niets geleerd van mijn tussenstop in Bosnië. Opnieuw ben ik geobsedeerd door het idee om al mijn energie in de pedalen te duwen, terwijl deze race om uithoudingsvermogen draait.

In een oogwenk bereik ik een nieuwe grens, een geografische. Noord-Macedonië strekt zich voor me uit, het land van betoverend blauwe meren. Ik heb er nauwelijks oog voor. De weg langs het meer is vlak, de zon zakt langzaam achter de bergen. Hoewel het opnieuw 35 graden is, trek ik me niets aan van de hitte. Zweet prikt in mijn ogen, maar ik geniet.

Na enkele uren bereik ik Struga. Het is kwart over zes. Ik besef dat ik het bijna voor zes uur had gehaald. Deze stad herbergt de eerste fietsenmaker die Google Maps me liet zien toen ik vastzat in de Albanese bergen. Hij ging om zes uur dicht. Mijn geluk is compleet als ik deze stad binnenrijd.

In mijn hoofd had ik een noodplan klaarliggen: als het niet was gelukt om in Peshkopi reserveonderdelen te vinden, was ik bereid geweest tachtig kilometer te lopen naar deze stad. Dwaas natuurlijk, maar de drang om vooruit te blijven gaan, ongeacht de obstakels, is nooit verdwenen. Zonder de fietsenmaker in Struga te hoeven bezoeken, verlaat ik snel deze bruisende stad. De mensen zijn opgewekt, muziek galmt door de drukke winkelstraten, en het is er toeristisch. Een plek waar ik op een dag wil terugkeren om te ontspannen bij een azuurblauw meer.

Nog geen uur later steek ik opnieuw de Albanese grens over, iets verder naar het zuiden. Na een korte klim en afdaling fiets ik zuidwaarts langs het grote Meer van Ohrid, het diepste en op een na grootste meer op de Balkan. De wind blaast schuin in mijn rug. De weg is spiegelglad en breed. Het voelt alsof ik zweef. Voor het eerst in deze reis ervaar ik een langer aanhoudend euforisch gevoel. Het blijft hangen, de hele avond, totdat de duisternis volledig invalt.

In het pikdonker staan twee Albanese agenten op de weg. De

bedoeling ontgaat me, maar vol opgewektheid begroet ik ze met een glimlach en een vriendelijk 'goedenavond'. Het zullen de laatste mensen zijn die ik een tijdje tegenkom. Ik buig af naar een nieuwe weg, onlangs geasfalteerd met Chinees geld. Het asfalt is fantastisch, maar er is geen auto te bekennen. Opnieuw voel ik me alleen in een verlaten wereld.

Vanmorgen, terwijl ik in mijn hotelkamer op een verwarmd bed lag, schoot de gedachte door mijn hoofd: 'Kan ik na dit comfort mezelf opnieuw aansporen om ongemak te omarmen?' Na negen dagen van lijden, pijn, kou, hitte, fietsen en slapen, was ik abrupt uit die bubbel getrokken. Fysiek dan. Ik vreesde dat ik mentaal verzwakt zou zijn, terwijl dat juist het belangrijkste aspect van de race is. Het gaat om jezelf mentaal te pushen en je eigen grenzen op te zoeken. Als je je overgeeft aan comfort, heb je verloren. Stop er dan gewoon mee. Vermijd je het ongemak, dan vind je nooit de diepere waarheden van het leven.

In onze samenleving hebben we ons, als welvarende West-Europeanen, genesteld in een overdreven gevoel van comfort en gemak. Onmiddellijke bevrediging is de norm. Als onze auto pech heeft, bellen we pechhulp en worden we geholpen. Het lijkt vanzelfsprekend. Als er geen pechhulp beschikbaar is, vinden we snel een nabijgelegen hotel en bestellen we eten.

Nog geen uur nadat ik tevreden had vastgesteld dat ik er mentaal nog volop in zat, sta ik scheldend naast mijn fiets. De prachtige asfaltweg is nog niet af; halverwege zijn de werkzaamheden gestopt. De typische Albanese weg die daarna volgde gaf een uitdaging om mijn fiets overeind te houden. Nu was ik met mijn voorwiel een groot gapend gat ingereden. Een doffe klap liet mijn voorband van de velg schuiven. De lucht schoot eruit. Na het achterbandverhaal van de Albanese bergen zat ik nu in een vergelijkbare situatie, maar dan met mijn voorband.

Het was onvermijdelijk om niet even flink te balen van deze tegenslag. Ik vervloekte de onvoltooide weg en de uitdagingen die het me gaf. Maar al snel besefte ik dat er geen tijd was voor boosheid of frustratie. In deze race, waarbij elke seconde telt, kon ik me geen langdurig oponthoud veroorloven. In plaats van te klagen, ging ik snel aan het werk. Mijn fiets moest weer rijklaar worden.

Met een flinke dosis vastberadenheid en concentratie, omringd door het geblaf van zwerfhonden, spendeer ik een uur aan de reparatie. De vertrouwde handelingen om de binnenband te vervangen en de band stevig op de velg te krijgen, zijn bijna routine geworden. Daarna is mijn mentale energie op. Ondanks mijn plan om de hele nacht door te fietsen, besef ik dat ik uitgeput ben.

Het lijkt verstandiger om een rustige plek te zoeken om te rusten en mijn bivakzak neer te leggen. Soms gaan dingen anders dan verwacht, en het kost de minste energie om je daar niet tegen te verzetten. Het is een les in acceptatie, in het aanpassen aan het onverwachte, en in het behouden van mentale energie voor de volgende etappe. Het herinnert eraan dat ongemak soms niet vermeden kan worden, maar wel overwonnen.

HET GAAT NOOIT ALLEEN MAAR SLECHTER

DAG 11 – HET HIER EN NU

Stipt om zeven uur 's ochtends zet ik mijn tocht voort, iets later dan gepland. Het ochtendlicht verlicht de omgeving prachtig. Wat ik niet weet, is dat een van de meest uitdagende en onvoorspelbare wegen van Albanië op me wacht. De kronkelende weg slingert heuvel op en af, en het wegdek wordt slechter met elke pedaalslag. Dan gebeurt het onvermijdelijke: mijn mobiele databundel is op, en ik heb geen internetverbinding meer.

De situatie verslechtert naarmate het wegdek ruiger wordt. Mijn humeur daalt net zo snel. Hier kan ik me geen lekke banden veroorloven; de ondergrond bestaat uit diepe kuilen en scherpe stenen. De enige weg naar het zuiden is volledig opgebroken, dus bevind ik me op een stoffige bouwplaats. Af en toe zie ik enorme stofwolken voor of achter me opdoemen, veroorzaakt door iets wat later opduikt. De hitte is genadeloos, en mijn waterflessen zijn leeg. Soms dwingt de slechte staat van de weg me om af te stappen en mijn fiets te duwen.

Angst voor een lekke band knaagt aan me, waardoor ik voorzichtig en gespannen rijd. Dit zijn de beruchte Albanese wegen die al lang in mijn gedachten zaten, zelfs voordat ik aan de Transcontinental Race begon. Dit zijn de wegen waarover ik mijn wielbouwer sprak toen ik om extra stevige wielen smeekte. Dit zijn de wegen die de Transcontinental Race zoveel meer maken dan een gewone langeafstandswedstrijd.

Een gevoel van uitzichtloosheid overspoelt me. Iedere bocht lijkt de weg steiler te maken. Iedere bocht maakt het wegdek onherbergzamer. Iedere bocht doet mijn moraal verder wegzakken in een modderpoel van wanhoop.

Ondanks de ontberingen en uitdagingen, besef ik dat alles relatief is, zelfs op deze moeizame ochtend. Hoe hobbelig en veeleisend de weg ook is, ik blijf vooruitgaan. Ik hoef niet stil te zitten, en dat stelt gerust. Als ik hier zou stranden, heb ik nog steeds het geluk omringd te zijn door een prachtige omgeving waar je wekenlang van een vakantie kunt genieten.

De gedachten die mijn humeur verpesten en de zorgen die me kwellen, zijn producten van mijn geest. Ze zijn niet tastbaar, niet de harde realiteit. Op zulke momenten besef ik dat wat me het meest belemmert in deze uitdaging vaak mijn eigen gedachten zijn.

Ja, dat is precies hoe het werkt, besef ik. Het is een tweezijdige medaille. Als de wereld om je heen in duigen valt en het leven je met uitdagingen overlaadt, lijkt dat de enige werkelijkheid die ertoe doet. Maar die werkelijkheid manifesteert zich alleen in gedachten en emoties, en dat maakt het tastbaar en werkelijk voor degene die het ervaart. Er is altijd ergens in de wereld ellende, ver weg of dichtbij. Het kan ons eigen leven betreffen, of dat van vrienden of familie.

Als we die ellende constant met ons mee zouden dragen, zou het leven ondraaglijk zwaar worden. Het zou ons verpletteren onder zijn last. Aan de andere kant, als we die ellende nooit zouden voelen, zou het leven te licht worden, te oppervlakkig, te leeg. De balans tussen vreugde en verdriet, tussen uitdagingen en triomfen, maakt het leven rijk en betekenisvol. Het is de erkenning dat alles relatief is en dat onze gedachten de kracht hebben om onze realiteit te vormen.

Met een knorrig gemoed trap ik voort. Drie lange uren verglijden over iets meer dan dertig kilometer slechte weg. Drie uren die aanvoelen als een uitputtende driedaagse reis. Maar wat stellen drie dagen voor in een mensenleven? Wat zijn drie uur van ongemak? Slechts een snipper in vergelijking met de tijd die ons gegeven is. Het lijkt veel als je het niet in perspectief plaatst, en nog meer als je het overschat.

In het laatste Albanese dorpje dat ik tegenkom, besteed ik al mijn contante geld aan eten en drinken. Het voelt als een redding om weer iets te eten te hebben en me niet langer druk te maken over de beperkte voorraden.

Daarna hoef ik alleen nog maar te dalen. Niet figuurlijk, maar letterlijk. Een goed geasfalteerde weg leidt me naar het dal, naar een nieuwe grens. En welke grens? De grens met... Griekenland!

Griekenland was in mijn hoofd het symbool van iets bereiken waar je je zinnen op zet. Maanden voor de reis zei ik: 'Ik ga naar Griekenland fietsen.' Maar naarmate het dichterbij kwam, verzon ik steeds meer mitsen en maren. In mijn hoofd was er nooit een alternatief geweest. Het was vanzelfsprekend. Al zou het mij de hele zomer kosten. Ik moest en zou naar Griekenland. En nu fiets ik op de elfde fietsdag daadwerkelijk het land binnen.

Griekenland, het land van mythen en legendes, waar de Olympische dromen werden geboren. Olympische Spelen. Meedoen is belangrijker dan winnen. Hier deden atleten uit de oudheid hun uiterste best, niet alleen voor de glorie van de overwinning, maar ook voor de persoonlijke triomf van volharding en inspanning.

Nu, op mijn fiets, voel ik me als een moderne Olympiër. Mijn doel is niet om als eerste de finish te bereiken, maar om de finish überhaupt te halen. De weg is mijn wedstrijd, en elke kilometer is een overwinning. Net als de oude Griekse atleten, weet ik dat uithoudingsvermogen en vastberadenheid me zullen leiden, eerder dan snelheid.

Terwijl ik het water oversteek, Albanië achter me laat en een foto maak van het Griekse welkomstbord, voel ik een staat van dualiteit. Aan de ene kant heb ik het beloofde land bereikt, mijn ultieme doel. Maar ik weet dat de finish nog ver weg is. Moeilijke beklimmingen, verzengende hitte en onbekend terrein liggen nog voor me. Vanaf hier ken ik de route het minst.

Deze innerlijke tweestrijd is riskant. Het gevoel van triomf bij het bereiken van Griekenland kan moeiteloos omslaan naar zelfvoldaanheid en verlies van focus. Mijn innerlijke vuurtoren, die me door vermoeidheid en twijfel leidt, moet blijven schijnen, onverminderd en onvermoeibaar.

Terug in de Europese Unie doet mijn internetverbinding het weer. Een opluchting. De twaalf uren zonder voelden als een eenzame tussenstop. Geen berichten, geen aanmoedigingen, geen contact van buiten de bubbel. Het voelde alsof de wereld aan me voorbijging, terwijl ik alleen mijn gedachten had.

In deze digitale leegte ontstond een mentale ruimte die me de kans gaf om hard af te zien zonder afleiding, zonder de ruis van de wereld buiten mijn fiets. Het was alsof ik mezelf had teruggetrokken in de kern van de race, omringd door mijn eigen gedachten en emoties. De wereld buiten ging onverminderd door, veranderde en evolueerde. Ik, opgeslokt door het moment, liet me meevoeren in de stroming van de tijd, zonder besef van wat er buiten mijn bubbel gebeurde.

Nu mijn internetverbinding is hersteld, heb ik het harder nodig dan ik dacht. Ik ben blij mijn broers weer op de hoogte te kunnen brengen. Bovendien kan ik weer nieuwe voorraadpunten zoeken.

Maar ik maak een fout. Ik kies niet voor de drukke stad Ioannina, maar voor het rustige alternatief langs het meer. Daarom kom ik geen supermarkt meer tegen voor ik de bergen in ga. Ik fiets een klein stuk om naar een tankstation, maar tot mijn grote spijt wordt er alleen frisdrank verkocht. Dat heb ik wel hard nodig. De temperatuur is opgelopen tot veertig graden. Met al mijn zakken vol frisdrank als brandstof ga ik de bergen in.

De suikerdrank klotst in mijn rugzak bij iedere duw op de pedalen, terwijl mijn fiets omhoog kruipt. De Griekse bergen zijn adembenemend, veel groter dan ik me had voorgesteld. Dit zijn geen Ardennen, geen Vogezen. Dit zijn echte bergen, met majestueuze haarspeldbochten. Ik ben aan het afzien. De verzengende hitte, de loodzware fiets. Maar vooral het besef dat de komende honderden kilometers niets anders zullen zijn dan klimmen en dalen. Voor even raak ik opnieuw dat bijzondere vacuüm, zoals in de Alpen. Het is halverwege de middag, maar ik weet dat ik de komende avond, nacht en ochtend alleen zal zijn in dit berglandschap. Alleen, in het donker, omringd door deze imposante bergen. Het beangstigt me niet meer. Dit zijn van die tochten die anders onverantwoord en zinloos zouden lijken, maar vandaag is het gewoon een noodzakelijk onderdeel om de finish te bereiken.

Er wacht me een tactische keuze, hoewel die min of meer voor mij wordt gemaakt. Tussen twee checkpoints van de race ligt een kortere, maar ruigere route over een grof gravelweg door de bergen. Ik heb nog maar één reserveband, en ondanks mijn liefde voor avontuur is het geen optie om deze risicovolle route te nemen. Dus ik moet een langere omweg maken over het asfalt, tientallen kilometers om de berg heen.

De zonsondergang is ronduit prachtig. De bergen baden in een gouden gloed. Het raakt me diep. Ik fiets al de hele dag, en niets in mij overweegt om te stoppen. Alles in mij wil doorgaan, de duisternis tegemoet. Vandaag vallen alle puzzelstukjes op hun plek. Ik zie af, en dat vervult me met dankbaarheid. Dankbaar dat ik kan fietsen, dankbaar voor hoe ver ik al ben gekomen, en dat ik nog steeds weiger op te geven. Dankbaar voor de enorme steun vanuit Nederland. Ik slik een brok in mijn keel weg. Niet nu. Dit is niet het moment om te huilen. Dat kan ik mezelf niet toestaan. In het donker zijn enkel rationele gedachten van belang.

De lichten van de Griekse bergdorpjes fonkelen als sterren tegen de nachtelijke hemel. Daarboven fonkelen de echte sterren nog mooier. Bij een snelle afdaling voel ik de temperatuur aangenaam afnemen. Een koele bries glijdt onder mijn shirt door, waardoor een kleine rilling over mijn rug trekt. Het geluid van kabbelend water doet vermoeden dat ik aan het einde van de afdaling ben, klaar voor de beklimming die voor me ligt.

Ik ga staan op de pedalen en word daarbij verwelkomd door een verlichte weg, een onverwacht zicht na lange uren in de duisternis. Plots hoor ik het zachte gezoem van een auto, een zeldzaamheid in deze eenzaamheid. Het voertuig haalt me in en het raampje glijdt omlaag. Een vriendelijke stem spreekt in het Grieks, dat ik helaas niet begrijp. Als ik in het Engels antwoord dat ik geen hulp nodig heb, glimlachen ze en rijden verder. Even na hun vertrek overvalt me een moment van reflectie.

Ik stel me voor wie ze zijn, wat hen hier brengt. Zijn ze op vakantie? Wat zouden ze denken als ze een eenzame fietser zien op deze verlaten bergweg in het diepe duister? Elke vorm van onverwacht menselijk contact, hoe kort ook, kan me nog lange tijd bezighouden in deze uren van eenzaamheid en focus op de weg die voor me ligt.

Een serene rust valt over mij heen. De uitzichten zijn paradoxaal genoeg prachtig. Het is donker, maar dat maakt dat alles wat licht geeft nog meer opvalt. Een bergdorp in de verte. Een familie in de tuin onder een verlichte luifel waar ik langs fiets. De koplampen van een auto op de berg aan de andere kant van de vallei. Mijn eigen fietslamp die onverminderd iedere oneffenheid in de weg oplicht.

Ik kom aan de voet van een lange klim. Het mooie van het donker is dat het zicht van waar je naartoe moet wegvalt. Het verkleint de wereld en beperkt mijn gedachten. Midden in Griekenland denk ik niet aan de finish. Ik denk niet meer dan vijf meter vooruit. En belangrijker: ik denk niet meer dan vijf meter terug.

Er zijn boeken vol geschreven over het leven in het 'hier en nu'. Als een ultiem zelfinzicht. Als iets waar je hard voor moet werken. Als verheerlijking van het doodgewone leven. Het is vast allemaal waar. Maar terwijl ik die berg op trap in het diepe duister, besef ik dat dit moment, dit zwoegen, het 'hier en nu' is. Het is geen transcendente staat, geen verheven bewustzijn; het is een fysieke handeling met een mentale toestand als gevolg.

Het leven in het moment kan je zomaar overvallen. Het is niet iets waar je wanhopig naar zoekt, noch een concept waar je dagelijks mee bezig hoeft te zijn. Soms, zonder waarschuwing, omarmt het je volledig, alsof het je plotseling dwingt om alles om je heen te vergeten, behalve datgene waar je op dat moment mee bezig bent. Het kan in de simpelste handelingen zitten, zoals de geur van verse koffie bij het ontwaken, het geluid van een geliefde stem aan de telefoon, of het gevoel van vreugde wanneer je een berg beklimt op je fiets.

In de afdaling van de berg wordt mijn gemoedsrust abrupt

verstoord. In de laatste bocht van het dorpje Vourgarelli klieft mijn voorwiel in een diepe kuil. Geschiedenis lijkt zich te herhalen. Niet exact hetzelfde, maar de echo van de nacht in Albanië weerklinkt. De voorband is leeg nog voordat mijn fiets tot stilstand komt.

Ik ken dit scenario en dat helpt. Geen vloek, geen boosheid, enkel berusting. In kalmte zoek ik een plek om mijn fiets te repareren. Het kost me meer dan een uur. Lang, veel langer dan nodig. Het is niet alleen de fysieke vermoeidheid. Het is ook de acceptatie van een nieuwe realiteit: dit is mijn laatste band. Nog een lekke band en ik zit dieper in de problemen dan ooit tevoren.

Wanneer de band eindelijk is gefikst, neem ik een besluit. Waarom zou ik fietsen? Op de kaart ontdek ik een kort, verschrikkelijk steil pad naar de top van de berg. Perfect om te voet te doen, vooral nu, midden in de nacht. Ruim een uur loop ik, mijn fiets aan mijn zij, omhoog. Tijd is irrelevant, iedere stap is er een. De sterrenhemel is adembenemend. De vermoeidheid drukt, maar niet genoeg om me te stoppen. Honden blaffen in de verte. Hier ben ik mezelf. Mijn avontuurlijke ik. Mijn relativerende ik. Mijn 'anders-dan-anderen' ik. Mijn koppige ik. Mijn doorzettende ik.

Terwijl ik stap voor stap omhoog klim, realiseer ik me dat dit niet alleen over banden en bergwegen gaat. Het is een les, een herinnering aan de cycli van het leven. Geschiedenis herhaalt zich niet altijd op dezelfde manier, maar keert altijd terug in nieuwe vormen, in andere situaties. Daarom is levenservaring zo kostbaar. Wat we meemaken, leert ons, vormt ons, en helpt ons om te gaan met wat nog zal komen.

Klokslag drie uur 's nachts vind ik het welletjes. De scherpe bocht van een grindpad lijkt me een geschikte plek om te overnachten. Bijna bovenop de berg, omringd door duisternis, lijkt een geschikte plek. Zodra ik mijn bivakzak heb neergelegd en me comfortabel heb geïnstalleerd, wordt de stilte verstoord.

Eerst is het een grom, een diep gegrom dat aanzwelt tot een

zwaar gebrom, vergezeld van een onheilspellende piep en gekraak. Ik staar naar de duisternis terwijl het geluid dichterbij komt. Een kleine vrachtwagen baant zich een weg over de grindweg, een vreemd schouwspel midden in de nacht.

De koplampen van de wagen verlichten mijn bivakzak. Ik beweeg niet, maar weet dat ik gezien ben. De vrachtwagen rijdt verder en komt met een piepend geluid abrupt tot stilstand. Dan begint het voertuig achteruit te rijden.

Ik ben de reden voor deze onverwachte ontmoeting. Dat voel ik zonder twijfel. Ik kom half omhoog uit mijn bivakzak en steek mijn duim op om aan te geven dat alles goed is. De woorden die worden uitgewisseld, blijven onverstaanbaar door de taalbarrière. Toch probeer ik geruststellend te zijn.

Het raam schuift dicht. De wagen geeft gas en vervolgt zijn weg de berg op, terwijl de geur van een verhitte koppeling achterblijft in de nachtelijke lucht. De vreemde ontmoeting blijft hangen in de duisternis, een mysterie dat net zo snel verdwijnt als het gekomen is.

De Griekse bergen in de vroege ochtend

DAG 12 – RUST EN ONRUST

Met het openen van mijn ogen dringt de adembenemende schoonheid van deze plek tot me door. De zon, opgekomen achter de bergkammen, hult de hemel in een haast tastbare helderheid. Een gouden gloed omarmt de bergen, terwijl mijn slaapzak naast een massieve naaldboom rust. De maan, hoog in de lucht, werpt haar zilveren schijnsel neer. De verre bergtoppen vervagen geleidelijk in een diepere tint blauw.

Te midden van dit grandioze panorama begint mijn dag. Precies om zeven uur vertrek ik, na slechts vier uur slaap met een plan dat ik ooit, vol ambitie, op mijn zolderkamer bedacht. Vier uur leek voldoende, een illusie die tijdens deze race steeds vaker vervloog. Maar vandaag niet. Vandaag voelt het anders, overvloedig zelfs. Toch knaagt er iets, een gevoel dat ik eerder had moeten beginnen.

Tegelijkertijd ontstaat een ander besef. Hier, omringd door de majestueuze natuur, omarm ik deze rust. Het is verbazingwekkend hoe graag ik hier wil blijven, dit moment wil vastleggen. Misschien is dit de gave van deze ochtend: het besef dat tijd soms een kostbaar geschenk is dat we onszelf mogen gunnen.

De tweespalt in mijn gedachten is duidelijk. Enerzijds de druk van de race, de stem die zegt dat elke minuut telt, dat ik zonder treuzelen moet vertrekken. Het is als een onzichtbare metgezel die me aanspoort tot actie, tot voortgang.

Maar aan de andere kant is er deze plek, deze serene omgeving die me uitnodigt te blijven. Een innerlijke stem, zachter maar duidelijk, fluistert dat sommige momenten geen haast verdienen, dat ze gekoesterd en geëerd mogen worden. Het is een paradox die mijn gedachten splijt, een dualiteit die me doet stilstaan terwijl ik vooruit wil bewegen.

Te midden van dit innerlijke conflict voel ik een onbestemde onrust. Terwijl ik omringd ben door deze betoverende omgeving, blijft het besef van de ruwe grindweg die mijn laatste band kan ruïneren knagen aan mijn gedachten. De fietsenmaker ligt op negentig kilometer afstand. Het zorgt voor een enkel doel voor deze ochtend: zonder pech de fietsenmaker bereiken. Het is een doel waarover je minder controle hebt dan je zou willen. Het is als een symfonie van rust en spanning die samenkomt in mijn gemoed. De rust van dit betoverende landschap botst met de onrust van het onbekende pad voor me.

Na een halfuur trappen sta ik boven op de berg. Vanaf hier zie ik Theodoriana, het tweede verplichte parcours in Griekenland. Een dorp dat 250 jaar voor Christus werd gesticht door Theodorus, koning van de Athamaniërs in het zuidoosten van Epirus. Hier adem je de geschiedenis in, fiets je door tweeduizend jaar beschaving. De straten zijn te smal voor auto's, net breed genoeg voor mijn fiets.

Na elke bocht ontvouwt zich een nieuw, betoverend vergezicht. Deze ochtend lijkt een sprookje. Maar mijn gedachten dwalen af naar mijn voorband. Elk steentje dat onder mijn wiel knispert, zorgt voor een kleine schok in mijn binnenste. Ik tel de kilometers af, op weg naar Trikala, waar een fietsenmaker op me wacht.

De weg blijft golven, geen stukje is vlak. Zelfs de schijnbaar vlakke stukken hebben een listig stijgingspercentage. Een optische illusie, onzichtbaar maar voelbaar in mijn benen. De tijd en kilometers kruipen voorbij.

Naarmate het wegdek verbetert, vervaagt de onrust. Na drie lange uren wacht nu een afdaling naar Trikala. Veertig kilometer lang loopt de weg hoofdzakelijk naar beneden.

De afdaling is een snelle dans op het asfalt. De wind houdt mijn lichaam koel, voor nu. Plots voelt het weer als een race. In bewoonde gebieden stop ik bij het eerste tankstation. Het ijsje dat ik koop, eet ik op het toilet. Efficiëntie in optima forma. Niet lang daarna ben ik in Trikala. Op een kruispunt rijd ik langs een fietsenmaker, niet eens degene waar ik naartoe ging. Binnen word ik hartelijk geholpen. Banden in allerlei soorten en maten worden tevoorschijn getoverd. Voor de zekerheid koop ik ook een buitenband. Een gevoel van opluchting overvalt me. Niets staat me nog in de weg. Thessaloniki, ik kom eraan.

Mijn koers richting Kalambaka, bekend van Meteora, staat vast. Maar voordat ik daar aankom, plan ik een lange stop. Het is middag en de temperatuur op het Griekse platteland is gestegen tot veertig graden. Te heet om te fietsen. Dus koop ik broodjes, drankjes en zoek ik een stopcontact bij een tankstation. Daar strek ik me uit op de warme tegelvloer. Rusten op het heetst van de dag, terwijl in mijn hoofd langzaam een plan vormt.

Na een uur rust is de hitte niet minder, maar ik voel me mentaal opgeladen om de warmte te trotseren. Na een uur fietsen over een lange rechte weg bereik ik het laatste checkpoint, aan de voet van de klim naar Meteora. Hier haal ik mijn laatste stempel voor de finish. Voor het eerst ben ik de enige bij een checkpoint. Geen andere racers in zicht. Slechts twee vrijwilligers en een barman die me een koud colaatje serveert. Het voelt vreemd, alsof ik uit de race lig. Alsof ik te laat ben op een feest dat al voorbij is. Alsof ik geen deel meer uitmaak van iets groots.

Maar niets is minder waar. Ik heb het laatste checkpoint voor de cut-off tijd bereikt. Als je een stempel niet op tijd haalt, lig je eruit. Maar dat is niet gebeurd. Zelfs met een dag vertraging ben ik ruim op tijd. Drie dagen geleden kon ik me dat nog niet voorstellen, toen ik rond dezelfde tijd in een Albanees café zat, zonder uitzicht op een werkende fiets. Zonder enig vooruitzicht op het voltooien van mijn grootste sportieve doel.

Na mijn verfrissende colaatje zigzag ik omhoog, tussen de majestueuze rotsformaties door, vergezeld door een zee van overvolle touringcars. Plots bevind ik me midden in een toeristische hotspot. Het is begrijpelijk; de rotsen met kloosters spreken tot de verbeelding. En toch begrijp ik het ook weer niet. Waarom dit massatoerisme? Waarom bewegen we ons in kuddes? Waarom doen we wat iedereen al doet? En waarom was ik gisteren dan bijna alleen in het oosten van Albanië? Zelfs in de Griekse bergen waar ik net vandaan kom, waren weinig anderen te vinden.

Misschien is het de drang naar bekendheid, de behoefte om de 'must-see' plekken af te vinken. Of misschien gewoon het gemak van de gebaande paden. Voor mij voelt het als een zoektocht naar iets anders, naar plekken die niet in de Lonely Planet staan. Tussen de toeristische menigte, de klikkende camera's en de drukte, voel ik een stille tevredenheid dat ik andere plekken verken, plekken die niet door duizenden anderen zijn platgelopen.

De onontdekte, minder bezochte locaties hebben iets magisch, een gevoel van exclusiviteit en authenticiteit. Misschien zijn het juist die onbekende hoekjes die ons het meest verrassen, die ons laten genieten van een unieke ervaring zonder de drukte van de massa. Terwijl ik tussen de hordes toeristen doorfiets, koester ik de gedachte dat er nog zoveel meer te ontdekken valt buiten de gebaande paden.

HET GAAT NOOIT ALLEEN MAAR SLECHTER

Het besef dat deze klim de laatste serieuze is voor de komende honderden kilometers, brengt verlichting. Eindelijk is het einde in zicht. Ik tel de hoogtemeters af, hoewel er geen duidelijke top is. Ik weet dat ik er ben als mijn fietsnavigatie me vertelt dat ik mag omdraaien. Deze klim naar Meteora is verplicht in de race. Daarna keer ik om en begin de afdaling terug naar Kalambaka. Ik kies ervoor om via een omweg naar het laatste finishparcours te fietsen. Niet rechtstreeks naar het noorden door de Griekse heuvels, maar eerst naar het oosten en dan langs de kust naar het noorden. Alles om maar niet nog meer te hoeven klimmen.

In de afdaling kruis ik het pad van enkele andere racers. Ik moedig hen aan en wens hen succes. Mijn gedachten dwalen kort terug naar de Alpen, naar de San Bernardinopas. Ook toen koos ik bewust een route om anderen in tegenovergestelde richting te passeren. Het lijkt een eeuwigheid geleden, maar het is maar tien dagen geleden.

Het contrast tussen toen en nu, tussen de ijzig koude Alpen en de vurig hete rotsformaties van Meteora, is groot. De herinneringen aan die bergen vervagen terwijl ik me nu concentreer op de kust voor me. De dagen en kilometers zijn samengevloeid tot een onverwachte reis vol uitdagingen en onthullingen. Het voelt alsof ik een heel leven heb geleefd sinds die dagen in de Alpen, een gevoel van volheid en ontwikkeling in slechts een fractie van een mensenleven.

Op weg naar de zee voel ik de verzengende föhn die de temperatuur boven de veertig graden doet stijgen. Ik ploeter voort over dezelfde eindeloze, kaarsrechte weg terug naar Trikala, een tweebaansweg die als een snelweg aanvoelt. Naast me rijdt een auto met twee toeristen. Nederlandse toeristen, nota bene. En voor ik het besef, ben ik verwikkeld in een kort gesprek over de race, hier op deze verzengende snelweg. In het Nederlands. Het is de eerste keer sinds het gravelpad in Albanië waar ik Jason ontmoette, dat ik weer met iemand in mijn moedertaal kan praten. Zo onverwacht, maar zo leuk.

De rest van de middag volg ik een parallelweg naar Larissa, de zesde stad van het land. Onderweg stop ik vaak bij tankstations om frisdrank te kopen. De hitte maakt me constant dorstig, dus dit is niet alleen verfrissend maar geeft ook broodnodige energie. Liters frisdrank gaan erdoor op deze verzengende middag.

Bij het vallen van de avond bereik ik Larissa. Vlak voor sluitingstijd loop ik de Lidl binnen. Ik sla groots in, want het plan dat zich al vormde tijdens de vrijwillige stop rond het middaguur komt nu dichterbij. Ik wil vannacht doorfietsen, onvermoeibaar doorgaan tot mijn lichaam rust nodig heeft. Maar als dat moment niet komt, dan niet. Voor het eerst zie ik de finish binnen handbereik, binnen schootsafstand. Nog iets minder dan 400 kilometer scheidt me van de boulevard van Thessaloniki.

De Lidl wordt mijn laatste rustplaats voor deze avond. Ik vul mijn voorraad aan met snacks, water en alles wat een vermoeide fietser nodig heeft. Terwijl ik bij de kassa sta, valt mijn oog op een jong, verliefd stel voor me in de rij. De jongen lijkt geïnteresseerd in mijn bezigheden. Als ik hem vertel dat ik naar Thessaloniki fiets, is hij verrast. 'Dat is meer dan 150 kilometer!', merkt hij verbaasd op. Wanneer ik uitleg dat ik met een omweg fiets, waardoor het bijna 400 kilometer is, zie ik zijn verbazing groeien. En als ik zeg dat ik uit België kom, kan hij het niet bevatten. 'Ben je op een motorfiets?'

De kassa piept terwijl het eten en drinken door de scanner gaan. Het voelt als het ritueel voor de laatste etappe, de laatste stappen richting de eindstreep van deze ongelooflijke race. Ik vertrek, de nacht tegemoet, met het doel om door te blijven gaan, om elk pedaal te blijven ronddraaien tot het niet meer gaat. Het licht van de straten van Larissa verandert in een waas van voorbijvliegende lichtflitsen.

HET GAAT NOOIT ALLEEN MAAR SLECHTER

Buiten de stad voel ik me kwetsbaar. De duisternis omhult me als een onzichtbare mantel terwijl ik mijn weg vervolg. De verkeersader richting de snelweg naar Thessaloniki is druk. Veel te druk voor een fietser. Het voelt ongemakkelijk, als een puzzelstukje dat niet helemaal past.

De koplampen van passerende auto's verblinden me kort, hun razendsnelle voorbijrazen laat me even in het duister achter. Het geluid van brullende motoren en het flitsende lichtspel van koplampen creëren een overweldigende sfeer. Als fietser ben je altijd alert, zoekend naar ruimte om veilig te manoeuvreren tussen het meedogenloze verkeer.

Het voelt als een paradox, een onverwachte confrontatie tussen mijn vredige tocht door natuurlijke landschappen en deze hectische weg. Hier voel ik me niet op mijn plek, als een vreemde eend in de bijt. Het besef van mijn kwetsbaarheid wordt sterker in deze duisternis, ondergedompeld in het tumult van het verkeer.

Elk geluid, elke beweging eist mijn aandacht op. Ik ben alert, misschien zelfs gespannen, terwijl ik mijn weg zoek in dit chaotische spektakel. Terwijl de kilometers langzaam voorbijgaan, hunker ik naar rust, naar een plek waar ik me weer één kan voelen met de weg, waar mijn kwetsbaarheid minder scherp is, en waar ik weer kan genieten van het pure avontuur dat fietsen hoort te zijn.

Enkele uren later rijdt het verkeer de afslag naar de snelweg op. Mijn route loopt parallel, op het enige vlakke stuk tussen de majestueuze bergtoppen van Olympus en Ossa, verborgen in het duister. De mythische berg, gehuld in mysterieus donker, lijkt te sluimeren, als Zeus zelf die rust.

Mijn ogen knipperen verrast als mijn fietscomputer aangeeft om de tolweg op te gaan. Verbaasd knijp ik in de remmen. Het voordeel van niet aan de leiding liggen in de race - een understatement - is dat je kunt leren van je voorgangers. Christoph Strasser doorkruiste Europa al een paar dagen geleden in slechts 8 dagen en 16,5 uur. Mijn tracker toont dat hij vier dagen eerder dezelfde tolweg heeft genomen. Ik vertrouw erop dat het goed zal komen, en dat het geoorloofd is. De regels zijn strikt en het betreden van een snelweg zou me veel tijdstraf opleveren. Terecht. Het is belangrijk geen onnodige risico's te nemen. Maar de 'tolweg' lijkt verlaten, en voor ik het weet, verlaat ik de weg via een duister voetgangerstunneltje dat eruitziet alsof het niet meer in gebruik is.

In een oogwenk veranderen de stille wegen in een bruisende omgeving. Het lijkt alsof ik een nieuwe wereld binnenfiets. Overal zijn mensen op straat. Het geluid van muziek zweeft door de lucht, de vrolijke tonen dringen door tot in mijn oren. De winkels, normaal allang gesloten, zijn nu open en nodigen iedereen uit. Overal zie ik feestlampen dansen in de nacht, alsof ze het feestgedruis willen benadrukken.

Ik bereik de levendige badplaats Platamonas. Terwijl ik over de boulevard rijd, slalom ik door het feestende publiek. Na enige tijd verlaat ik de kust. De stilte keert terug.

De nacht op het Griekse platteland lijkt eindeloos, een tikkende klok die de tijd rekt. In deze race ervaar ik een vreemd fenomeen: de nacht is zowel lang als kort. Terwijl ik door de duisternis trap, lijkt de nacht eindeloos. Elke pedaalslag duurt een eeuwigheid. Maar zodra ik rust, vliegt de nacht voorbij, alsof ik een magische sprong in de tijd maak. Het is anders dan een normale nacht, anders dan de rust van een reguliere slaap.

Mijn innerlijke stem dringt aan om door te fietsen, om niet te stoppen. Een blik op de tracker onthult dat velen rusten. Stilgevallen stippen markeren waar anderen hun ogen hebben gesloten. Terwijl ik ze voorbij fiets, zie ik mede-deelnemers, slapend op bankjes of in bushokjes. Ik ontwijk hen geruisloos, alsof ik bang ben hen te wekken uit hun broze slaap, alsof de race ook in de nacht doorgaat.

Het voelt als een moeizame dans, mijn voeten nauwelijks

voelbaar op de pedalen. Maar het geeft niet. De weg is vriendelijk, het terrein vlak. Ik glijd door de nacht met een respectabele snelheid. Dan komt een geeuw, gevolgd door een onbedwingbare gaap. De vermoeidheid begint zich te manifesteren, als een sein van mijn lichaam dat zich steeds nadrukkelijker in de realiteit mengt. Mijn hoofd wil doorzetten, maar mijn lichaam verlangt steeds meer naar rust. De wilskracht blijft, maar mijn gedachten raken vermoeid, mijn bewustzijn uitgeput, voor zover dat mogelijk is.

Tegen half vijf, aan het eind van de nacht, geef ik toe aan de vermoeidheid. Een verleidelijk bushokje roept naar me. Ik stuur mijn fiets die kant op en nestel me in een foetushouding op het koude metalen bankje. Ondanks mijn vermoeidheid besef ik dat dit geen plek is om lang te rusten. Het bankje is te koud en te hard om echt in slaap te vallen. Af en toe raast een vrachtwagen langs met een oorverdovend geluid en een drukgolf. Toch sluit ik mijn ogen en stel een wekker in. Op 20 minuten.

De kloosters op rotsen in Meteora, Griekenland

DAG 13 – OMHELZING VAN HET SUCCES

Wanneer ik mijn ogen open, raakt een golf van motivatie me diep. Kippenvel prikt op mijn armen, een mengeling van een bezweet lichaam in een afgekoelde nacht en de emotionele staat van een bijzonder moment.

Ik heb 20 minuten geslapen, maar vandaag is het zover. De dag is begonnen, de laatste dag van deze reis. Ik voel de opwinding en vastberadenheid in mijn vezels. Dit is het moment waarop alles samenkomt, de climax van een onvergetelijke tocht. Mijn hart klopt, gevuld met een mix van verwachting, trots en een vleugje ongeloof dat ik zo ver ben gekomen. Alles wat ik heb doorstaan, elke kilometer, elke hobbelige weg, elk moment van twijfel en triomf, heeft geleid naar deze cruciale dag. De dag waarop ik de eindstreep in zicht heb.

Ik besef dat 'in zicht' relatief is. Het is nog donker. De voorraad eten op mijn fiets is op en er ligt nog bijna 240 kilometer voor me. Daarvan is meer dan 100 kilometer Transcontinental parcours, ruige wegen die nog op me wachten. Toch doet dat er niet toe.

Hoe deze dag ook verloopt, vandaag haal ik die finish. Dat is vastberadenheid. Een halfuur na mijn korte stop dringt de geur van versgebakken brood mijn neus binnen. De bakker opent al voor 6 uur zijn deuren. Een onverwachte zegen, ik kan mijn honger stillen! Het voorspelt een goede dag.

De zonsopkomst betovert me. Ik pak snel mijn telefoon voor een korte vlog op Instagram. De wallen onder mijn ogen vervagen in het zonlicht. Die boost van energie zet me op mijn fiets, voortbewegend door het kale Griekse landschap.

Bij een kiosk in Kilkis hamster ik chips en frisdrank. De verkoopster begint net haar dag. Een lach ontsnapt uit haar mond als ik mijn handen vol chipszakken op de toonbank leeg. Ik lach ook, om mezelf. Zelfs nu, op deze laatste dag, voel ik haast. Ik sla de Lidl over in de hoop tijd te winnen door hier te winkelen. Altijd dat streven naar optimalisatie, naar het vermijden van verlies. Dit houd ik al twee weken vol.

Deze gedachte voedt mijn hoop dat vandaag onveranderlijk zal blijven. Geen vooruitzichten op verandering, geen aanwijzingen van mentale vermoeidheid door het voortdurende haasten. Het einddoel geeft me kracht. Voor het eerst sta ik mezelf toe af te tellen. Minder dan 150 kilometer resteren. Een afstand die ik thuis in een ochtend afleg. Maar vandaag wacht een lange dag.

Dan is het moment daar. Mijn fiets verlaat de hoofdweg. Een grasstrook in, nauwelijks herkenbaar als weg. Het parcours van de Transcontinental Race begint. Een karrenspoor. De ondergrond is zanderig. De sporen van mijn ruim 50 voorgangers zijn duidelijk zichtbaar. Meer fietssporen dan ooit tevoren op deze plek.

Een bramenstruik grijpt mijn arm en laat een snee achter. Even later lig ik naast mijn fiets. Mijn band verliest grip op een venijnige steen en ik glij onderuit. De tijd dringt, ik sta op en duw mijn fiets door het zachte zand. Geen moment te verliezen. Geen tijd om de schade te overdenken. Ik voel me opgejaagd. Iemand fietst een kwartier achter me.

Soms meen ik geluiden te horen en kijk ik schichtig achterom. Word ik nu al ingehaald? Mijn gedachten dwalen af naar eerdere momenten in deze race. De steile helling van de Splügenpas, de wegen in Slovenië, Albanië, de bergketens van Griekenland. Op alle parcoursen werd ik steevast ingehaald. Vaak en onophoudelijk. Maar andersom? Nee, dat lukte niet. Telkens wanneer ik nu omkijk, zie ik enkel leegte, niets anders dan mijn eigen verse sporen in het zand.

De ondergrond wordt steeds uitdagender. Het zand evolueert tot rotsen, als omgekeerde erosie. Ik durf niet overal meer te fietsen. Soms stap ik af en sleep mijn fiets achter me aan, half rennend. Mijn enige wens is om snel van dit moeilijk begaanbare pad af te komen.

Na verloop van tijd bereik ik de top. Vanaf hier zou het afdalen makkelijker moeten zijn. In theorie althans. De praktijk volgt niet altijd de theorie. Het pad wordt ruwer en onberijdbaar. Meerdere keren sta ik bovenaan een helling waarvan ik zelfs met een volledig geveerde mountainbike niet durf af te dalen. Zelfs met de fiets aan de hand is het een uitdaging om beneden te geraken.

Het signaal is zwak, ik heb geen GPS-locatie. Mijn enige houvast is het hoogteprofiel op mijn fietscomputer. Ik tel de hoogtemeters af, hopend op verlichting. Tegelijkertijd probeer ik mijn banden heel te houden. Een zucht van opluchting ontsnapt wanneer ik het glinsterende meer in de verte zie. Nog even, en dan laat ik het onverharde deel van het parcours achter me. Ik heb wat schrammen, maar mijn fiets is nog heel. Beneden kruip ik weer op het ligstuur. Wat een heerlijk gevoel, denk ik, het ergste van de dag is voorbij.

Ik zoek naar waterbronnen. De zon staat hoog aan de hemel en het zweet prikt in mijn ogen. Waar kan ik hier snel water vinden? Dan zie ik iets. Een oude waterpomp. Zou die nog werken? Ik stuur mijn fiets het gras in. Bij de waterpomp overvalt teleurstelling me. Een tuinslang ligt in het gras, vastgemaakt aan de pomp. Het is water voor de bloembakken van de lokale gemeenschap. Mijn aanwezigheid trekt de aandacht van de mensen op het terras van het dorpshuis. Terwijl ik terugloop naar mijn fiets, lege bidonnen in de hand, wordt er naar me geroepen.

Ik wil geen vertraging, maar zomaar weglopen is geen optie. Na een paar handgebaren duw ik mezelf het dorpshuis binnen. De geur van versgebakken brood omhult me, vermengd met zachte Griekse muziek uit een radio. Voor ik kan uitleggen waar ik mee bezig ben en dat ik hulp niet zomaar kan aannemen, drukt iemand me een koude cola in mijn handen en wijst naar de kraan. Mijn vingers sluiten zich om het koude blikje terwijl condensdruppels zich vormen. Ik tast in mijn achterzak naar geld om te betalen, maar vind niets. Mag je deze hulp zomaar aannemen? Ik heb nergens om gevraagd, en na een kort moment van twijfel besluit ik het blikje open te maken. Het koolzuurhoudende drankje tintelt op mijn tong en brengt verfrissing terwijl ik mijn dorst les. Het voelt als hulp die anderen ook zouden hebben gekregen. Bij mijn fiets vind ik nog een vijf euro briefje, maar ik kan dit niet aan deze mensen geven. Het wordt te ingewikkeld om met handen en voeten uit te leggen wat ik nu precies aan het doen ben.

Terwijl ik de klim weg bij het meer vervolg, blijft de tweestrijd in mij woeden. Aan de ene kant herinnert een streng stemmetje me eraan hoe belangrijk het is om me strikt aan de regels te houden. Regels die ik mezelf heb opgelegd, maar ook de geschreven en ongeschreven regels van de race. Ik ben hier om mezelf te bewijzen, om te laten zien dat ik zelfstandig deze uitdaging aankan. Elk stukje ongevraagde hulp voelt als een inbreuk op die zelfstandigheid, als een concessie aan zwakte.

Maar aan de andere kant is er de stem van de pragmatist. Die herinnert me eraan dat sommige regels een grijs gebied kennen. Is het niet beter om af en toe wat flexibiliteit toe te staan, vooral als mijn reis daardoor wat makkelijker wordt? Misschien is het accepteren van ongevraagde hulp wel een vorm van slimheid, een manier om mijn zelfvoorzienendheid anders te interpreteren. Het is tenslotte mijn eigen avontuur, mijn eigen uitdaging.

Ik ben degene die moet beslissen welke regels ik volg en welke ik buig. Ik zucht diep, wetende dat ik zelf de balans moet vinden tussen het volgen van mijn principes en het omarmen van de realiteit van het moment.

Voor ik het goed besef, is de eerste literbidon al leeg. Dit gaat te snel. Hoe ga ik dit ooit volhouden in deze hitte, hier op het Griekse platteland zonder voorzieningen? Thessaloniki voelt plots ver weg. En de middag lijkt eindeloos. Meter voor meter kruip ik omhoog. Snel gaat het niet meer, maar ik geef mezelf een opdracht. Wat er ook gebeurt, ik mag alleen van de fiets om mijn bidonnen snel bij te vullen. Pauze, rust, stoppen met fietsen in het algemeen: ik sta mezelf niet meer toe. Geen uitzonderingen.

Bovenaan de klim kom ik in een dorp en zie tot mijn verbazing een café dat open is. De luifels bieden broodnodige schaduw. Op het terras staat een fiets uit de race. Ik haal iemand in! En nog verrassender: ik ben zelf nog niet ingehaald.

Met nieuwe motivatie vervolg ik mijn weg. Maar al snel realiseer ik me dat de klim nog niet voorbij is. Een beklemmend gevoel van spijt bekruipt me. Had ik niet beter bij het café kunnen stoppen om mijn bidonnen te vullen en een koud colaatje te kopen van mijn laatste euro's? Waarom moest ik zo nodig door? Ben ik te streng voor mezelf?

De vragen razen door mijn hoofd, maar ik pareer ze rustig. 'Zou kunnen, maar teruggaan is nog stommer. Dat nooit,' denkt de andere stem in mijn hoofd. Een kwartier later sta ik stil. Ik dacht dat de klim was afgelopen, maar dat was slechts een hoopvolle gedachte.

Na het dorp ging de weg even naar beneden, om vervolgens weer omhoog te lopen. In de schaduw van een boom blaas ik uit, vertwijfeld. Ook mijn tweede bidon is bijna leeg, gevuld met warm water. En er zijn nog precies 68 kilometer naar Thessaloniki in de brandende zon.

Terwijl ik mijn weg vervolg over het ruige terrein, lijkt de vertwijfeling me te overmeesteren. Ik betrap mezelf op het doelloze van uitblazen in de schaduw van een eenzame boom. Thessaloniki blijft op precies 68 kilometer afstand, een onveranderlijke constante die me dreigt te verstikken. Maar zelfs te midden van deze innerlijke strijd weet ik diep vanbinnen dat mijn redding zich voor de zoveelste keer tijdens deze race niet lang meer op zich zal laten wachten.

Mijn geluk lijkt om de hoek te liggen. In het volgende dorpje, Lachanas, na een kwartier klimmen, zie ik een zegen langs de weg: een stroompje water met een pomp erboven. Stromend water. Koud, tegenover iets wat lijkt op een gemeentehuis. Een golf van vreugde overspoelt me en ik knijp vol geluk in de remmen. De bidons kunnen weer vol. Ik drink gulzig, zoveel als ik kan.

Met een gevoel van triomf stuur ik een spraakbericht naar mijn broers. "Ik ben gestopt," zeg ik, pauzerend voor dramatisch effect. "Maar met een goede reden." De stop duurt slechts een minuut, voordat ik weer op pad ga. Nog 63 kilometer te gaan, een uitdaging die ik vastberaden tegemoet treed.

'Hoe warm is het daar nu?' krijg ik door op WhatsApp. De vraag irriteert me. Hij komt van Jos, die waarschijnlijk thuis op de bank zit. Het is in Griekenland veel te warm om te fietsen. En dat weet hij. De hele dag, nee, dagenlang, vertel ik er al over. Op dat moment kon ik niet vermoeden wat ik drieënhalf uur later zou meemaken.

Ik kon niet vermoeden dat nog geen kwartier later het fysiek moeilijkste deel van mijn race zou beginnen. Ik had het kunnen weten als ik mijn onderzoek grondiger had gedaan. De parcoursen had ik voor lief genomen. 'Daar moet iedereen overheen, dus tot op de kilometer analyseren is overbodig,' dacht ik.

Nu wijst mijn fietscomputer een zandpad in. Ik dacht dat ik van de gravel ellende af was. Niets is minder waar. Voor me strekt een lang zandpad zich uit. Niet vlak, niet omlaag, maar gemeen omhoog.

Na elke bocht hoop ik dat het voorbij is. Maar de weg loopt steeds steiler omhoog. En het zand wordt steeds zachter, tot mijn wiel zich ingraaft. Ik val bijna om en moet van mijn fiets.

Daar loop ik, 56 kilometer van de finish. Met mijn fiets aan de hand. Thessaloniki is dichtbij, maar in mijn hoofd nog steeds heel ver weg.

Ik duw mijn fiets de steile zandheuvel op. De pijn overvalt me. De vermoeidheid geeft pijnprikkels af. Mijn benen schreeuwen, mijn bovenlichaam trilt. 'Dit is zo zwaar, dit is zo zwaar, dit is zo...', mijn gedachten stoppen. Alles vervaagt behalve de brandende hitte en de scherpe pijn die door mijn lichaam golft.

Het doel dat ik voor ogen heb, houdt me in beweging, zelfs op de moeilijkste momenten. Zonder dat verlangen zou ik stoppen, de motivatie verdwijnen als mist voor de zon. Vandaag is dat verlangen glashelder: Thessaloniki bereiken, mijn eindbestemming van deze epische reis. Dit diepe verlangen om iets ongrijpbaars te bereiken, houdt me gaande.

Het is niet de eerste keer dat ik mezelf bizarre doelen stel. Ik heb altijd een voorliefde gehad voor extremen, een drang om mijn grenzen te verleggen en mijn persoonlijke maxima te vinden. Deze fascinatie komt voort uit mijn liefde voor wiskunde, waar 'lokaal maximum' een centrale rol speelt. Wat voor mij een maximum is, kan voor iemand anders anders zijn. En zoals ik in de wiskunde heb geleerd, hoeft het globale maximum niet het moeilijkst te bereiken doel te zijn.

Een voorbeeld is de Mount Everest, de hoogste berg ter wereld met 8.849 meter. In 2019 stond er een file op de top, een ironische situatie gezien de enorme uitdaging die het beklimmen van deze berg met zich meebrengt. Aan de andere kant is er de Muchu Chhish in Pakistan, met 7.453 meter. Ondanks zijn lagere hoogte is deze berg nog nooit beklommen, wat het een uitdagender doel maakt voor avonturiers die op zoek zijn naar nieuwe grenzen.

De Transcontinental Race vormt mijn lokale maximum, een piek binnen mijn persoonlijke grenzen en mogelijkheden. Het is het ultieme doel dat ik mezelf heb gesteld, een uitdaging die mijn lichaam en geest hebben omarmd.

Dan, na de zoveelste flauwe bocht, verschijnt het asfalt. Ik ruil het zandpad in. Ik zie de top van de klim liggen. Nog 700 meter en dan ben ik boven.

Plots flitsen de kilometers voorbij. Ik leg mijn lijf over mijn fiets, mijn hoofd boven het stuur. In een uur leg ik meer dan 30 kilometer af. Voor het eerst is het leuk om af te tellen naar de finish. Iedere keer dat ik kijk zijn er weer kilometers af. Nog 25 te gaan. Dan zie ik een tankstation. Ik weet dat mijn voorsprong op mijn achtervolger klein is, maar ik sta volop in de racestand. Toch besluit ik hier een korte stop te maken. Koud drinken en ijs kopen. Na minder dan 3 minuten vervolg ik mijn weg, het ijsje eet ik op de fiets.

Ik begin aan de laatste klim van de race. Over asfalt, soms

HET GAAT NOOIT ALLEEN MAAR SLECHTER

venijnig steil. Ik pers alle krachten uit mijn lichaam. Mijn hartslag piekt nog maar op iets boven 150. Ik gooi alles eruit wat ik heb. Alles. Ik ga fysiek kapot, maar mentaal geniet ik. Dit is de laatste uitdaging. Ik duw en trek aan de pedalen. Bovenop de klim staat een racefotograaf. Ik pers er nog een lach uit.

Nog 15 kilometer. Alleen naar beneden. 'Eitje', denk ik. Maar de TCR blijft onvoorspelbaar. De afdaling begint vlot, het brede asfalt vloeit onder mijn banden door. Nog 12 kilometer. Een afstand die me terugvoert naar mijn jeugd.

Ik denk terug aan mijn middelbare schooltijd, toen mijn wereld beperkt was tot de route tussen Berkenwoude en Schoonhoven. Elke dag fietste ik die 12 kilometer, een enkele reis die nu slechts een fractie is van mijn dagafstand.

Herinneringen vloeien door mijn gedachten. Ik zie mezelf weer op mijn omafiets, met mijn zware schooltas voorop, terwijl ik wielrenners inhaalde. Het was niet de snelheid die me dreef, maar de uitdaging, het verleggen van mijn grenzen in een wereld vol routine en voorspelbaarheid.

Ik herinner me de snelheidsmeter langs de weg. Hoe ik mezelf uitdaagde om 38 kilometer per uur te halen op mijn rammelende omafiets, en bewees dat er geen grenzen waren die ik niet kon overstijgen. Hoe ik probeerde steeds sneller op school te zijn, vaak uit noodzaak.

Een golf van emotie overspoelt me. Tranen prikken achter mijn ogen, een eerbetoon aan de reis die ik heb afgelegd en de kracht die ik in mezelf heb gevonden. Ik heb mijn jeugddromen overtroffen, mijn grenzen verlegd, en in dit moment van triomf voel ik me onoverwinnelijk.

Maar dan komt de laatste uitdaging: Thessaloniki zelf. De raceorganisatie heeft een moeilijk parcours door de stad uitgezet. Ik moet over steile wegen naar beneden, soms zo steil dat ik moet afstappen. Dit is niet de afdaling naar zee die ik had verwacht. Het is draaien en keren in de stad. Ik heb al mijn concentratie nodig om niet te vallen. Ik snap niet waarom de racers dit nog moeten doen.

Dan komt de ultieme verlossing. Ik zie de zee en draai de boulevard op. Nog 2 kilometer naar de finish.

Voor het eerst in de race rijd ik verkeerd op een verplicht parcours. Ik moet eigenlijk over het fietspad langs de zee, maar ik kies de drukke autoweg langs de boulevard. Ik volg de oude route.

Na twee kilometer stuur ik van de drukke weg af, voor de laatste meters naar de zee. Hier moet het zijn. Bij een strandclub. Ik kijk zoekend om me heen. Plots zie ik mensen zwaaien, een vrolijke begroeting die mijn aandacht trekt. Onder hen zie ik iemand die op mijn broer lijkt. Mijn hart slaat een tel over terwijl ik naar de zee kijk. Is dat waar ik moet zijn? Of zwaaien die mensen naar mij?

'Bas, Bas, Bas!' hoor ik mijn naam roepen. Mijn gedachten tollen, mijn wereld staat op zijn kop. Twee weken lang was ik Marten Boas Salomo Belder, maar nu klinkt mijn roepnaam, mijn dagelijkse, Nederlandse naam.

Ik kijk nog eens goed. De man die op mijn broer lijkt, is inderdaad mijn broer. En naast hem staat Rens, mijn andere broer. 'Wat doen jullie hier?' Mijn stem trilt van emotie terwijl duizend vragen door mijn hoofd razen. Mijn broers, die me intensief volgden op de live tracker. Met wie ik alles deelde op Whatsapp. Die me vandaag nog zeiden dat ze niet weg durfden bij de laptop, bang mijn finish te missen. Die broers zijn hier, in Thessaloniki, op het hoogtepunt van mijn sportieve leven.

Rens omhelst me als eerste, zijn warme armen om me heen als een baken van vertrouwdheid in de chaos van mijn gedachten. Jos legt het tafereel vast op film, terwijl fotograaf Ryan het moment vereeuwigt met zijn camera. Geen seconde had ik verwacht dat ze hier zouden zijn, wachtend op mijn triomfantelijke aankomst.

HET GAAT NOOIT ALLEEN MAAR SLECHTER

Ik reik mijn stempelkaart uit naar de organisatie. Met plechtigheid wordt mijn finishtijd vastgelegd: 12 dagen, 20 uur en 30 minuten. De tijd die ik nodig had om van Geraardsbergen in België naar Thessaloniki in Griekenland te fietsen en te lopen. Ik ben als 59ste deelnemer binnen. Op eigen kracht, zonder hulp van buitenaf. Een tijd die nu voor altijd verbonden zal zijn met mijn prestatie, mijn vastberadenheid en doorzettingsvermogen.

Jos, altijd paraat met een verrassing, tovert een fles champagne uit zijn rugtas. De kurk knalt van de fles, een vreugdevolle explosie die de lucht vult met de geur van succes. Ik neem een slok en laat de smaak van overwinning mijn vermoeide lichaam omarmen.

Bij de finish staan andere finishers, medestrijders die mij zijn voorgegaan in deze epische race. Ryan drukt een blik bier in mijn handen, een welverdiend drankje na de uitputtingsslag van de afgelopen dagen. Ik laat me zakken op een stoel, mijn lichaam uitgeput maar mijn geest levendig door de adrenaline van het moment.

Langzaam besef ik dat het voorbij is, en dat ik hulp van buiten mag krijgen. Rens en Jos hebben al een onderkomen geboekt voor de nacht. De douche is fantastisch. Het Griekse avondeten zonder haast, is heerlijk. En dan, laat op de avond, krijgt de slaap mij in zijn greep, niet wetende dat de verrassingen nog niet op waren.

Met mijn broers Jos en Rens bij de finish. Ongelooflijk dat zij hier waren. De grootste verrassing van mijn leven.

EPILOOG - MISSCHIEN IS DAT GENOEG
Thessaloniki, 6 augustus 2023

De ochtend na mijn finish lig ik op de comfortabele bank van het appartement, omringd door serene rust. Mijn uitgeputte lichaam herstelt van de afgelopen dagen terwijl ik door de ontelbare berichten en reacties op mijn telefoon scrol.

Het is verbazingwekkend hoeveel mensen hebben meegeleefd met mijn reis, elke pedaaltrap en kilometer hebben gevolgd en aangemoedigd. De steun van vrienden, familie en vreemden is een onverwachte bron van kracht en inspiratie geweest tijdens mijn moeilijkste momenten.

Te midden van al die berichten komt er plots een persoonlijke verrassing. Twee warme armen omhelzen me stevig en een bekende stem vult de ruimte met liefdevolle woorden. Mijn moeder staat naast de bank, haar ogen stralen van trots en liefde. En naast haar staat Salome, mijn zus die me uitzwaaide op de Kapelmuur, haar gezicht verlicht door een stralende glimlach. 'Je ging te snel', zegt ze lachend. Hun vliegtuig kwam deze ochtend aan, net een halve dag te laat om mijn finish mee te maken.

Terwijl ik mij deze dagen nestel in de warmte van mijn familie, voel ik me vervuld. Dankbaarheid overlaadt me wanneer ik in de Griekse zon mijn broers, zus en moeder meeneem naar de 'Finishers party' van de Transcontinental Race in een strandclub aan de Griekse kust. Het feest waarbij het einde van de beproeving gevierd wordt, en verhalen worden gedeeld. Hoewel mijn reis nu ten einde is, mijn avontuur een glorieuze conclusie heeft, en het afzien in de Alpen en op de Balkan lijkt als een verre droom, weet ik dat de ware schat van mijn ervaring niet ligt in de fysieke prestatie, maar in de onvoorwaardelijke liefde en steun van mijn dierbaren.

Het leven is niet maakbaar, en niets komt vanzelf. Elke pedaalslag, beklimming en slapeloze nacht hebben me geleerd dat ware voldoening niet zonder moeite komt. Toch zijn er momenten waarop dingen vanzelf lijken te gaan, gedragen door een onzichtbare kracht.

Dankbaarheid voert de boventoon voor wat mijn lichaam aankon. Ik ben dankbaar voor de kracht in mijn lichaam en het doorzettingsvermogen van mijn geest, maar nog meer voor de liefde en steun van mijn dierbaren die me tijdens deze reis hebben gedragen. In het samenzijn met mijn familie voel ik de diepte van deze waarheid.

Terwijl de zon langzaam ondergaat in de Middellandse Zee, voel ik een diepe vrede. Het avontuur van de Transcontinental Race heeft me niet alleen fysiek, maar ook mentaal en emotioneel uitgedaagd en verrijkt. Omringd door mijn familie, die me door dik en dun heeft gesteund, besef ik iets essentieels.

Ongeacht de moeilijkheden en obstakels die het leven ons voorlegt, er zijn altijd momenten van vreugde, liefde en dankbaarheid die de donkere tijden verlichten. Dit avontuur heeft me iets belangrijks geleerd: hoe zwaar de weg ook lijkt: het gaat nooit alleen maar slechter.

Er is altijd licht. Altijd hoop. Altijd iets om dankbaar voor te zijn.

Het is deze waarheid die ik meeneem in mijn hart. Wetende dat elke nieuwe uitdaging nieuwe kansen biedt en perspectief kent.

En misschien is dat het echte avontuur. Niet de kilometers of de bergen. Maar de ontdekking dat zelfs in de diepste dalen, er altijd iets of iemand ons omhoog trekt. Iets of iemand ons doet geloven. Dat het nooit alleen maar slechter gaat.

Misschien is dat genoeg.

BAS BELDER

ROUTE

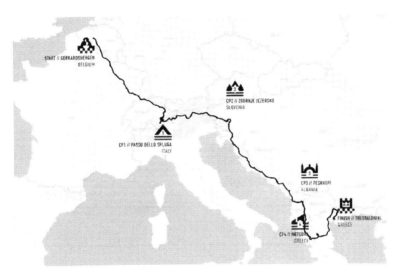

De route met start in Geraardsbergen in België, over verplichte parcoursen: Splügenpas in Italië, Zgornje Jezersko in Slovenië, Peshkopi in Albanië en Meteora in Griekenenland, naar de boulevard in Thessaloniki in Griekenland.

OVERZICHT

Tijd	Afstand	Hoogte	Etappe	
Dag 1	534 km	3.179 hm	Geraardsbergen, België	- Wittelsheim, Frankrijk
Dag 2	360 km	2.926 hm	Wittelsheim	- Grono, Zwitserland
Dag 3	194 km	5.069 hm	Grono	- Livigno, Italië
Dag 4	336 km	3.450 hm	Livigno	- Nikolsdorf, Oostenrijk
Dag 5	309 km	4.041 hm	Nikolsdorf	- Škofljica, Slovenië
Dag 6	327 km	2.972 hm	Škofljica	- Knin, Kroatië
Dag 7	280 km	2.871 hm	Knin	- Bileca, Bosnië en Herzegovina
Dag 8	304 km	3.201 hm	Bileca	- Lis, Albanië
Dag 9	43 km	1.029 hm	Lis	- Peshkopi, Albanië
Dag 10	198 km	1.986 hm	Peshkopi	- Ersekë, Albanië
Dag 11	246 km	5.103 hm	Ersekë	- Korakada, Griekenland
Dag 12	270 km	2.631 hm	Korakada	(geen stop)
Dag 13	322 km	3.555 hm	(geen stop)	- Thessaloniki, Griekenland

Totaal: **3.723 km** **42.013 hoogtemeters**

BAS BELDER

OVER DE AUTEUR

Bas Belder, geboren in 1999, ontdekte tijdens de coronapandemie zijn passie voor langeafstandsfietsen. Wat begon als een eenvoudige manier om de lockdown door te komen, ontwikkelde zich al snel tot een diepgewortelde liefde voor verre fietstochten. Bas reed in één keer naar Parijs, fietste van Berlijn naar huis zonder te slapen en maakte een indrukwekkende tocht naar de Noordkaap. Deze avonturen wakkerden zijn interesse voor langeafstandswedstrijden aan, wat leidde tot zijn deelname aan de Race Around the Netherlands in 2022, waar hij met een 13e plaats niet onverdienstelijk presteerde.

In 2023 nam Bas onder zijn doopnaam Marten Boas Salomo Belder deel aan de Transcontinental Race Nr. 09, zijn grootste uitdaging tot nu toe. Naast zijn fietsavonturen studeerde Bas Econometrie aan de Erasmus Universiteit Daarnaast is hij als raadslid actief in de politiek van Krimpenerwaard, de gemeente waar hij opgroeide en nog steeds woont. Zijn leven balanceert hij tussen studie, politiek en zijn passie voor fietsen, waarbij elke rit nieuwe verhalen en ervaringen brengt.

Printed in Poland
by Amazon Fulfillment
Poland Sp. z o.o., Wrocław
26 June 2024

436e5454-1040-4a7d-ba3e-d56cf3e81b35R01